Andrea Bierwolf

FERMENTISTA

Du brauchst nur Zeit und Liebe

Freya Verlag –
unabhängig, familiengeführt, subventionsfrei, werteorientiert, grundsatztreu
Seit über 30 Jahren veröffentlichen wir Bücher, die unseren Überzeugungen entsprechen und ausschließlich einen positiven Beitrag für Mensch, Tier und Umwelt leisten.

Werden Sie Teil unserer Verlagsfamilie – wir wünschen Ihnen viel Freude mit diesem Buch.

www.freya.at

READ GLOBAL BUY LOCAL

MIX
Papier | Fördert gute Waldnutzung
FSC® C118234

ISBN 978-3-99025-508-7

3.Auflage

Layout: Vesela Vladimirova
Lektorat: Claudia Traxl
Fotos: Antje Wolm

printed by GPS Group

Anmerkung: Alle in diesem Text enthaltenen Anregungen, Beschreibungen, Tipps und Rezepte wurden mit großer Sorgfalt zusammengestellt und getestet. Dennoch kann aufgrund unterschiedlicher Rohstoffe, Ausgangsbedingungen und individueller Fähigkeiten nicht garantiert werden, dass die Informationen auf Ihre Situation zutreffen. Daher kann keinerlei Haftung für etwaige Verletzungen, Verluste oder andere Schäden übernommen werden, die aus der Verwendung der in diesem Text angebotenen Informationen resultieren.

Andrea Bierwolf

Fermentista

Du brauchst nur Zeit und Liebe

freya

Inhaltsverzeichnis

Video S. 133

Video S. 215

Geschenke der Fermentation

Fermentation ist Leben! Es ist viel mehr als nur Sauerkraut. Das ganze Leben ist Fermentation! Es geht darum, sich selbst und sein Umfeld besser kennenzulernen und die richtigen Bedingungen zu schaffen, in welchen man sich wohlfühlt und das Leben genießen kann.

Fermentista
ANDREA

Danke!

Von ganzem Herzen bedanken möchte ich mich bei meinen Kolleginnen Andrea Grabner, Vesela Vladimirova und Martina Müllner sowie bei Armin Kräutler. Von ihnen darf ich lernen und mich weiterentwickeln. Ich kann meine Ideen mit ihnen besprechen und bekomme ehrliche Meinungen, die mich immer weiter nach vorne bringen und mir helfen, Vertrauen in mich selbst zu haben. Ursprünglich war dieses Buch als gemeinsames Projekt geplant. Während der Ausarbeitung wurde schnell klar, dass ich bei dem Thema Fermentation nicht zu schreiben aufhören kann, wenn ich einmal damit begonnen habe. Wer einmal einen meiner Fermentier-Workshops besucht hat, versteht, was ich meine. Und so ist es gekommen, dass dieses Buch zu meiner Interpretation des Themas Fermentation wurde, die sich aus meinen bisherigen theoretischen Recherchen und praktischen Erfahrungen ergibt. Besonders am Herzen liegt es mir, den Wert der Fermentation hervorzuheben. Es ist wichtig, die Hintergründe der Fermentation zu verstehen, um ihr den Respekt zu erweisen, den sie verdient hat. Dabei ist sie sehr anspruchslos. Alles was sie von dir möchte, sind deine Zeit und deine Liebe. Von ihr zurück bekommst du vielfältige und unzählige Geschenke für dein Wohlbefinden, deine Versorgungssicherheit und die Umwelt. Lass dich von ihr überraschen und werde auch du zur/zum Fermentista. Im zweiten Teil dieses Buches findest du die dafür notwendigen Anleitungen zu Fermenten, die ganz einfach in den Alltag integriert werden können. Mit Armins Leidenschaft fürs Brotbacken und seinen Erfahrungen mit einer Essigurgroßmutter wird es zu einem Sammelwerk und Nachschlagewerk für diese sechs Fermente: Fermentiertes Gemüse, Kombucha, Essig, Kefir, Joghurt und Brot. Anregungen, Tipps, Rezepte und Erfahrungen von mir, meinen lieben Kolleginnen und Armin, die auf vielen Fotos im Buch zu sehen sind, helfen dir auf deinem Weg zu einer/-m mit Freude erfüllten und kreativen Fermentista.

Freuen kannst du dich auf ein weiteres Buch, meine persönlichen Lieblingsrezepte und noch viele weitere wertvolle Infos, Tipps und Erfahrungen für ein Leben voll gesundem Genuss im Einklang mit dir selbst und der Natur enthalten wird. Fermente sind ein Teil unseres täglichen Lebens und werden auch in dem zweiten Buch eine wichtige Rolle in unseren Rezepten spielen. Mit diesem ersten Buch bist du dafür bestens ausgerüstet.

Vorwort von Dr.in Johanna Bartussek

Das alte Wissen zur Gesunderhaltung und die traditionelle Heilkunst haben schon seit Anfang der Menschheit ihren Platz und wurden durch neue wissenschaftliche Erkenntnisse in der Schulmedizin in den letzten Jahrzehnten in den Hintergrund gerückt.

Vieles wurde vergessen und nicht mehr praktiziert.

Die Patientin/der Patient heutzutage wird kritischer und hinterfragt mehr. Das allzeit verfügbare Wissen über Internet und Foren ermöglicht ein rasches Nachschlagen und Recherchieren. Auch sind viele auf der Suche nach Alternativen, wo die klassische Schulmedizin an ihre Grenzen stößt.

In den letzten Jahren wurde zudem auch in den breiten Medien mehr und mehr über die seit Jahrzehnten bekannte grundlegende Rolle des Darmes für unsere allgemeine Gesundheit berichtet.

Ein gesunder Darm ist die Grundlage für Wohlbefinden, Hautgesundheit, psychische Stabilität und vieles mehr. Mehr Menschen wissen diesbezüglich Bescheid, die Fachwelt hinkt hier etwas hinterher.

Als Ärztin für Allgemeinmedizin und orthomolekulare Medizin beschäftige ich mich täglich u. a. mit dem Thema der Darmgesundheit sowie deren Auswirkung auf unterschiedlichen Ebenen.

Eine sanfte und sehr nachhaltige Behandlungsmöglichkeit für den Darm ist für mich – neben der Anwendung von Mikronährstoffen sowie der Entgiftung des Körpers und anderen spezifischen Methoden – die tägliche Anwendung von fermentiertem Gemüse und Kombucha, um eine stabile Darmflora aufzubauen und aufrechtzuerhalten.

Dies ermöglicht eine innere Stabilität und hilft, bereits entstandene allumfassende Beschwerden zu lindern.

Das Buch „Fermentista – Du brauchst nur Zeit und Liebe" von Mag.a Andrea Bierwolf ist ein Grundstein im Wiederbeleben dieses alten Wissens. Es vermittelt eine anschauliche Übersicht über das Basiswissen des Fermentierens sowie erweiterte Therapiemöglichkeiten mit dem Schwerpunkt der Darmgesundheit und deren Auswirkungen. Die klare Gliederung ermöglicht es dem Leser jeder Wissensstufe, sich einen raschen Überblick zu verschaffen. Die Herstellung der

Produkte sowie die Anwendung und das Hintergrundwissen dazu sind fundiert und übersichtlich dargestellt.

Ich begrüße ein Nachschlagewerk dieser Klasse als hochqualitative wissenschaftlich fundierte Ergänzung auf dem Markt. Andrea Bierwolf hat es geschafft, den Bogen zwischen Wissensvermittlung und Anwendung für jedefrau/jedermann zugänglich zu machen und die Freude und den für sich erlangten Mehrwert bei der Durchführung zu übermitteln.

Dr.in Johanna Bartussek,
Ärztin für Allgemeinmedizin
www.bartussekmed.com

Linz/Wien im Juni 2021

Einleitung

Meine Fermentiergeschichte.

Fermentation ist ein großes Thema, welches Menschen überall auf dieser Welt seit jeher aus verschiedensten Gründen beschäftigt. Mit diesem Buch möchte ich meine praktischen Erfahrungen und mein gesammeltes Wissen zusammenfassen und damit Menschen zu einem Leben voll gesundem Genuss, mehr Lebensqualität im Einklang mit der Natur und zu dem Ziel, sich selbst mit einfachen Mitteln versorgen zu können, inspirieren und motivieren.

Ich selbst durfte die Erfahrung machen, wie fermentierte Lebensmittel meinen Alltag bereichern. Als ich im Jahr 2016 während meiner Ausbildung zur Dipl. Ernährungstrainerin durch Zufall auf das Thema Fermentation im Internet gestoßen bin, hatte ich noch keine Ahnung davon, was sich dadurch alles für mich verändern wird. Gelesen habe ich von Wasserkefir, wie einfach dieser zuzubereiten ist, wie gut und prickelnd dieser schmeckt und wie gut er für den Darm und die allgemeine Gesundheit ist. Die Verdauung wird besser, Kopfweh verschwindet, das Immunsystem wird stärker usw.

Viele Argumente haben mich davon überzeugt, es zu probieren. Die erste Herausforderung war, eine entsprechende Kefir-Kultur zu besorgen. Alles andere hatte ich zuhause. Über eine Apotheke konnte ich mir nach längerer Suche eine Milchkefirknolle bestellen. Es war zwar kein Wasserkefir, aber ich habe bis zu diesem Zeitpunkt auch schon viel über den Milchkefir und seine Vorteile für die Gesundheit gelesen. Ich wusste auch, dass es in den ersten zwei bis drei Wochen zu unangenehmen Nebenwirkungen kommen kann, da die neuen, lebendigen, guten Mikroben sich erst mal Platz in meinem Darm machen und „aufräumen" mussten. Und so war es bei mir auch. Ich fermentierte mit meiner neuen Kultur die Rohmilch meines Nachbarn, die ich mir täglich frisch in einer Glasflasche holen konnte, und sie schmeckte mir nicht. Überhaupt nicht! Sie schmeckte wie saure Milch. Es war ja auch saure Milch. Aber gute saure Milch. Das konnten meine Geschmacksnerven anfangs jedoch noch nicht unterscheiden. Hätte ich nicht schon so viel über den Kefir gelesen und gewusst, dass er anfangs nicht gut schmeckt und unangenehme Blähungen verursachen kann – was während der Umstellung ganz normal ist –, hätte ich sofort wieder damit aufgehört und gesagt, dass das alles nichts für mich ist.

Ich wollte es aber genau wissen und blieb dran. Zum Glück! Es hat sich auch bei mir nach zwei Wochen eine Besserung der Nebenwirkungen eingestellt und ich durfte zunehmend die positiven Effekte spüren, wie beispielsweise eine regelmäßige Verdauung, weniger bis gar keine Kopfschmerzen, mehr Energie im Alltag ohne Nachmittagstiefs und weniger Heißhungerattacken auf Süßes. Mit der Zeit kamen dann noch weitere positive Folgen hinzu. Nach einem Jahr fiel mir auf, dass ich im Vorjahr nicht krank gewesen war und auch keine Antibiotika mehr nehmen musste, wegen einer Scheidenpilzinfektion. Meine juckende Kopfhaut wurde auch besser und meine Haut wurde reiner und bekam ein Strahlen. Da war mir klar: Ich höre nie wieder auf damit. Und überhaupt, warum hat mir das nie jemand gesagt, wie einfach das geht und wie viele zusätzliche Vorteile es hat, zu fermentieren? Das Thema Fermentation beschäftigt mich seither täglich in der Theorie und in der Praxis. Meine Erfahrungen gebe ich in Workshops weiter mit dem Ziel, andere dafür zu begeistern. Heute liebe ich es vor allem, die Geschmäcker der Fermentation zu erforschen und zu genießen.

Einen Nachteil hat das Ganze: Meine einfache und doch so vielfältige und besondere Küche ist für mich nicht so schnell zu toppen. Wenn ich auswärts essen gehen möchte, muss ich mich schon auf die Suche nach einem guten Lokal machen, das meinen Anforderungen nach regionalen, biologischen, ohne Geschmacksverstärker, dafür aber mit vielen überraschenden Geschmäckern und mit Liebe zubereiteten Mahlzeiten entspricht, die meinen Gaumen verwöhnen.

In diesem Buch bringe ich das Thema Fermentation mit vielen praktischen Tipps aus meiner eigenen Erfahrung ganz einfach in deine Alltagsküche. Zeit und Liebe sind meiner Meinung nach nicht nur die wichtigsten Komponenten für ein gutes Ferment. Sie bringen auch Freude ins Leben.

Oft ist uns gar nicht bewusst, dass wir täglich fermentierte Lebensmittel zu uns nehmen. Gerade, wenn es um den Genuss geht, spielt die Fermentation im Entstehungsprozess eine große Rolle, wie beispielsweise bei Kaffee, Vanille oder Kakao.

Nach manchen Schätzungen wird bis zu einem Drittel aller von Menschen verzehrten Lebensmitteln fermentiert. In jeder Kultur der Welt gibt es traditionelle fermentierte Gerichte. In Europa sind das zum Beispiel Sauerkraut, eingelegte Gurken oder Sauerteigbrot. In Frankreich ist es Crème fraîche, in der Schweiz der löchrige Käse, Salami und Oliven gibt es in Italien, Ayran in der Türkei, Sojasauce, Kombucha und Miso-Suppe kommen aus Asien, Kimchi und Lassi aus Indien, Fufu aus Afrika ... Um nur ein paar davon aufzuzählen. Dabei macht es keinen Sinn, ein fermentiertes Lebensmittel über das andere zu stellen, dafür ist jedes einzelne viel zu individuell. Jedes einzelne Ferment hat seine Daseinsberechtigung.

Fermentation beginnt oder endet nicht beim Sauerkraut oder Kefir. Viele wichtige Faktoren spielen eine Rolle. Beim Fermentieren geht es nicht um mechanische Abläufe und auf Gramm genau gemessene Zutaten. Es ist eine Kunst, bei der vieles Geschmackssache und individuelles Fingerspitzengefühl ist.

Fermentation beginnt beim Samenkorn, sie kommt in unsere Küche, lebt in unseren Gärtöpfen, versorgt unsere Darmflora und wird wieder zum Nährstoff in unseren Böden. Das sind wichtige Kreisläufe des Lebens, die wir verstehen und aufrechterhalten müssen. Sie brauchen Zeit, Liebe, Gefühl und Intuition genauso wie Erfahrung und Wissen. Es ist mir daher ein großes Anliegen, einerseits der Intuition einen besonderen Platz in diesem Buch zu geben, dabei aber die Fakten und Erfahrungen in Kombination mit praktischen Anleitungen nicht außer Acht zu lassen.

Was ist Fermentation?

Fermentation ist Leben!

Fermentation ist Leben! Bei der Fermentation arbeiten viele lebendige Mikroben, sie werden auch Mikroorganismen genannt, zusammen und unterstützen sich gegenseitig.

Sie sind so klein, dass wir sie nicht sehen können, obwohl sie überall sind – in der Luft, im Wasser, im Boden, in und auf uns Menschen. Auf eine Nadelspitze passen Millionen von Bakterien. Zu den Mikroben gehören neben den Bakterien auch Viren und Pilze.

Bakterien sind einzellige Lebewesen.

Es gibt unzählig viele Arten von Bakterien und sie alle brauchen unterschiedliche Bedingungen zum Überleben. Manche von ihnen zählen zu den „Guten“ andere zu den „Bösen“. Weniger als 1 % der bisher entdeckten Bakterien sind krankheitserregend! Sie können mit Antibiotika bekämpft werden. Um es erst gar nicht zu der Einnahme von Antibiotika kommen zu lassen, hilft uns ein starkes Immunsystem.

Viren haben keine Zelle.

Sie bestehen aus einem oder mehreren Molekülen, die von einer Eiweißhülle umgeben sind und Krankheiten wie Erkältung, Grippe, AIDS usw. auslösen können. Dafür brauchen sie eine Wirtszelle, in welcher sie sich vermehren können. Mit Antibiotika können sie nicht bekämpft werden. Viele von ihnen kann jedoch unser Körper selbst bekämpfen. Wichtig dafür ist ein starkes Immunsystem!

Pilze sind mehr Lebewesen als Pflanze.

Es gibt Hefe-, Schimmel- und Speisepilze. Sie brauchen Nährstoffe und betreiben keine Fotosynthese. Man findet sie überall in der Natur und auch auf und in unserem Körper, wo sie Krankheiten auslösen können. Solche Krankheiten nennt man Mykosen. Dazu zählen Fuß- oder Nagelpilze, Schleimhautentzündungen, Candida albicans usw. Mit einem starken Immunsystem können wir solchen Pilzen in unserem Körper entgegenwirken.

Antibiotika werden aus dem Schimmelpilz Penicillin gewonnen.

Hefen sind einzellige Pilze, die wegen ihrer besonderen Eigenschaften für wirtschaftliche Zwecke gezüchtet werden, wie beispielsweise die Hefe zum Backen oder zum Bierbrauen.

Mikroben

Welche Rolle spielen die Viren bei der Fermentation?

Viren zählen zwar zu den Mikroben, haben aber für die Fermentation keine Bedeutung. Sie werden hier dargestellt, damit das Bild der Mikroben vollständig ist. Wenn in diesem Buch von Mikroben die Rede ist, dann geht es vorwiegend um Bakterien und Hefen.

Und was sind dann Enzyme?

Enzyme sind keine Mikroben und sie sind auch nicht lebendig. Es handelt sich dabei um bestimmte Proteine mit bestimmten Fähigkeiten. Man erkennt sie beim Namen an der Endung „-ase", wie beispielsweise die „Laktase", welche die „Laktose", bzw. den Milchzucker, in ihre einzelnen Zuckerbestandteile aufspaltet. Lebendige Wesen, wie wir Menschen oder auch die Mikroben, stellen die für die Aufspaltung bestimmter Stoffe notwendigen Enzyme her. So stellt unser Körper selbst die Laktase her, wodurch wir Milch verstoffwechseln können. Stellt unser Körper dieses Enzym nicht her, sprechen wir von einer Laktoseintoleranz. Der Milchzucker in der Milch gelangt unverdaut in unseren Darm und verursacht dort Schmerzen und andere Katastrophen.

Auch Mikroben stellen Enzyme her, die sie für ihre Umwandlungsprozesse benötigen. So bauen auch sie beispielsweise den Milchzucker in der Milch ab, wodurch fermentierte Milch wie Joghurt oder Milchkefir besser verträglich für uns Menschen ist. Mikroben helfen uns damit beim Verdauen unserer Nahrung. Können wir bestimmte Enzyme nicht herstellen, dann machen das die Mikroben für uns. Alles was sie dafür brauchen, sind Zeit und Liebe.

Es gibt viele verschiedene Enzyme, da es auch viele verschiedene Nährstoffe gibt. Wenn man Enzyme stark erhitzt, verlieren sie ihre Funktion. Auch die Mikroben, die unsere Lebensmittel vorverdauen, die dafür notwendigen Enzyme produzieren und auch fleißig in unserem Darm weiterarbeiten, werden durch Hitze abgetötet!

Tipp:

Achte darauf, dass deine Fermente nicht erhitzt wurden, bevor du sie isst. Nur dann kannst du ihr volles Potenzial ausschöpfen. Gekaufte Fermente im Supermarkt, wie beispielsweise das abgepackte Sauerkraut, wurden pasteurisiert. Die guten Mikroben – in diesem Fall die Milchsäurebakterien –, die so wertvoll sind für unseren Darm, wurden dadurch bereits abgetötet und haben keine Wirkung mehr.

Sind Bakterien unsere Freunde oder Feinde?

Bakterien gab es schon lange vor uns Menschen. In den ersten zwei Milliarden Jahren des Lebens auf der Erde waren Bakterien die einzigen Bewohner. Sie transformierten ständig die Erdoberfläche und die Atmosphäre des Planeten und sie schufen lebenswichtige Systeme. Alle Stoffkreisläufe auf der Erde sind abhängig von Bakterien. Sie kommunizieren ständig miteinander, benötigen nur knapp zwanzig Minuten, um die nächste Generation zu bilden, wofür wir Menschen zwanzig Jahre oder mehr brauchen, und sind höchst anpassungsfähig und mutabel. Sie räumen den Müll weg und auch uns Menschen, wenn wir in der Erde liegen. Sie sind im Gegenzug auch der Ursprung von allem Leben. Ohne sie würden wir Menschen nicht existieren oder funktionieren.

Ohne Bakterien gäbe es keine Menschen.

In unserem Körper gibt es mehr Bakterien als Zellen. Das Verhältnis beträgt zehn zu eins. Die Besiedelung unseres Körpers mit Bakterien beginnt im Geburtskanal. Während wir in der schützenden Fruchtblase noch zu 100 % aus menschlichen Zellen bestehen, sind wir nach der Geburt nur mehr 10 % wir selbst und 90 % Bakterien. Die Hälfte dieser Bakterien sind Laktobazillen oder auch Milchsäurebakterien genannt, welche besonders gerne Milchsäure herstellen und dadurch einen ersten Schutz gegen schlechte Bakterien bilden. Ohne sie wären wir als Säuglinge nicht in der Lage, die Muttermilch zu verdauen und würden kurz nach der Geburt verhungern. Bei einer Kaiserschnittgeburt werden wir mit ganz anderen Bakterien besiedelt als bei einer natürlichen vaginalen Geburt. Es sind die Milchsäurebakterien in der Vaginal-Flora und Milch der Mutter, die uns schützen und uns beim Verdauen helfen. Es macht daher Sinn, ein Neugeborenes, welches per Kaiserschnitt auf die Welt kommt, bei der Geburt mit einem Abstrich der Vaginal-Flora der Mutter einzureiben und damit zu „impfen". Die Bakterien begleiten uns während unseres gesamten Lebens, sind ein wichtiger Bestandteil unseres Immunsystems und produzieren in unserem Körper wichtige Vitamine und andere Stoffe, die wir zum Überleben brauchen. In unserem weiteren Leben haben die Ernährung, die Einnahme von Antibiotika und anderen Medikamenten, Umweltgifte, das Ausmaß an Sauberkeit oder die Begegnung mit schlechten Mikroben Einfluss auf unsere Darmflora. Jeder Mensch entwickelt seine ganz persönliche Sammlung an Bakterien und fermentierte Lebensmittel haben einen positiven Einfluss darauf.

Wir Menschen sind somit Teil eines größeren Lebensnetzwerkes und leben in wechselseitiger Abhängigkeit von Pflanzen und Mikroben. Unser Bewusstsein dafür wird immer weniger und wir glauben, dass wir über alles die Macht haben und alle Prozesse steuern können. Dabei sind die Bakterien unsere Partner, die uns helfen, dass wir uns an neue Gegebenheiten anpassen können. Die Fermentation ist dabei unser Werkzeug, um mikrobielle Veränderungen steuern zu können. Wir können mit ihr nahrhafte Delikatessen statt Fäulnis produzieren.

Von guten und bösen Mikroben

Wie in jeder Geschichte und unter uns Menschen gibt es auch bei den Mikroben „Gute" und „Böse". Also solche, die wichtig für unsere Gesundheit und unser Überleben sind, und solche, die uns krank machen und sogar töten können. Dabei spielt auch immer das mengenmäßige Verhältnis eine Rolle, ob Bakterien „gut" oder „böse" sind. Manche Bakterien lösen nur dann schwerwiegende Infektionen und Entzündungen aus, wenn sie zu viele sind. Aber wenn sie im richtigen Verhältnis zu anderen Bakterien sind, können sie sogar nützlich sein, weil sie zu einem vielfältigen Mikrobiom beitragen. Es geht also nicht darum, die „bösen" Bakterien auszurotten, sondern vielmehr darum, eine ausgewogene Zusammensetzung herzustellen. Dafür maßgeblich sind die Lebensumstände, die Ernährung, das Alter und viele andere Faktoren.

Mikroben bei der Fermentation

Bei der Fermentation verändern Mikroben ihr Umfeld. Man spricht auch von „Transformationsprozessen" oder „Gärungsprozessen". Diese Veränderungen können gewünscht und gezielt hervorgerufen werden, wie das beispielsweise beim Sauerkraut der Fall ist, oder einfach so passieren und auch unerwünscht sein, wie beispielsweise bei Schimmelbildung. Es kommt ganz darauf an, welche Mikroben am Arbeiten sind – die „Guten" oder die „Bösen" – und, ob die richtigen Mikroben zur richtigen Zeit am richtigen Ort sind. Auch die guten Mikroben können ungemütlich werden, wenn sie am falschen Platz sind, falsche Begleiter haben oder falsche Nahrung bekommen. Man kann das auch mit uns Menschen vergleichen. Wenn wir an einem falschen Ort aufwachsen oder durch falsche Freunde in ein schlechtes Milieu geraten, kann es passieren, dass wir von einem „guten“ Menschen zu einem „bösen“ werden.

Möchte man eine gezielte Veränderung durch Mikroben hervorrufen, geht es nicht darum, die „bösen“ Mikroben zu bekämpfen, denn diesen Kampf werden wir verlieren. Es geht darum, die richtigen Bedingungen für die „guten“ Mikroben zu schaffen, damit sich diese gegen die „bösen“ durchsetzen, vermehren und den gewünschten Transformationsprozess umsetzen können.

Die Frage bei der Fermentation lautet also nicht, wie wir „böse“ Mikroben bekämpfen können. Viel wichtiger ist die Frage: Was sind die richtigen Bedingungen für die „guten“ Mikroben?

Schaffen wir die richtigen Bedingungen für die richtigen Mikroben, dann schaffen sie die richtigen Bedingungen für uns.

Genau darum geht es im Praxisteil dieses Buches, in welchem die richtigen Bedingungen für Gemüse, Kombucha, Kefir, Essig, Joghurt und Brot genau beschrieben werden. Es gibt dazu nicht eine einzige gültige Formel. Immerhin geht es um unzählig viele verschiedene kleine Lebewesen, die alle etwas anderes benötigen und je nachdem, was sie bekommen und in welcher Umgebung sie sich befinden, etwas anderes herstellen.

Woher kommt die Angst vor Bakterien?

Bakterien wurden in der Mitte des 19. Jahrhunderts als krankmachende Bösewichte entdeckt. Mit der Entwicklung des Penicillins sagte man ihnen den Kampf an. Das damit entstandene Antibiotikum war die ultimative „Geheimwaffe“, womit bakteriell bedingte Krankheiten besiegt werden konnten. Davor war selbst eine kleine Infektion lebensbedrohlich. Die Bakterien nahmen diese Kampfansage jedoch nicht tatenlos hin. Sie wehrten sich und bildeten Resistenzen. Sie haben die Eigenschaft, sich schnell an neue Gegebenheiten anpassen zu können. So lernten sie auch mit dieser Waffe umzugehen und der Wettlauf begann. Neue Antibiotika wurden entwickelt, woraufhin neue Resistenzen entstanden.

Dieses Bild prägt uns heute noch, obwohl wir nun wissen, dass nur ein ganz kleiner Anteil der bisher entdeckten Bakterien krankheitserregend und gefährlich für uns Menschen ist. Viele von ihnen sind wichtig für bestimmte Ökosysteme auf der Erde und haben auf uns Menschen direkten und indirekten Einfluss. Wir brauchen sie für unser Überleben.

Fermentation und Botulismus

Botulismus ist eine Lebensmittelvergiftung, die durch das produzierte Gift des Bakteriums Clostridium botulinum verursacht wird. Dieses Bakterium ist sehr widerstandsfähig gegen Hitze, Frost und Austrocknung. Das Gift verursacht in unserem Körper eine Blockade der Signalübertragung zwischen Nerven und Muskeln. Man sieht dadurch nur mehr verschwommen oder doppelt, ist beeinträchtigt beim Sprechen, Schlucken und anderen motorischen Fähigkeiten. In schweren Fällen breitet sich die Lähmung vom Kopf absteigend auf die Muskulatur der inneren Organe bis hin zum Herzen und der Atemmuskulatur aus, was zu einem Tod durch Atemversagen oder Herzstillstand führen kann. Gefährlich ist dieses Bakterium vor allem in pasteurisierten Konserven. Überleben Sporen des Bakteriums den Pasteurisationsprozess, finden sie in der verschlossenen Konserve ein optimales Umfeld für ihr Überleben und ihre Ausbreitung vor: keinen Sauerstoff und keine Konkurrenz durch andere Bakterien.

Bei der Fermentation geht die Gefahr durch dieses Bakterium gegen Null. Die Säuren, die die guten Milch- oder Essigsäurebakterien während des Fermentationsprozesses produzieren, verträgt es nicht gut. Es kann damit von den guten Bakterien erfolgreich bekämpft werden.

Übersäuert die Säure unseren Körper nicht?

Wenn die Säuren, die bei der Fermentation entstehen, gefährlich für schlechte Bakterien sind, sind sie dann nicht auch gefährlich für uns Menschen und übersäuern unseren Körper?

Obwohl es den Anschein macht, dass wir uns durch fermentierte Lebensmittel übersäuern, da sie durch die von den Bakterien produzierten Säuren auch sehr sauer schmecken, ist das nicht der Fall. Diese Säuren wirken sogar basisch auf unseren Körper. Das ist auch nicht weiter verwunderlich, wenn man bedenkt, wie vitalstoffreich diese Lebensmittel sind.

Fermentierte Lebensmittel sind sicher! Sie werden von Mikroben beschützt.

Dazu eine Aussage am Beispiel Kombucha von Dr.in Johanna Bartussek, Wahlärztin für orthomolekulare Medizin und Ernährungsmedizin:

Wieso wirkt Kombucha im Körper basisch, obwohl er sauer schmeckt?

„Die Verstoffwechselung von Kombucha und anderen basisch wirkenden Lebensmitteln:

Übersäuerung im Körper ist ein Thema, das mir in meiner Praxis sehr häufig begegnet. Sie zeigt sich z. B. über Beschwerden wie Sodbrennen oder Gelenkschmerzen, aber auch durch Haarausfall, Konzentrationsstörungen oder andauernde Müdigkeit.

Der sogenannte pH-Wert ist der für den Säuregehalt festgelegte Messparameter. Unser menschlicher Körper misst pH-Werte zwischen 1 und 7,9 – je nach Messpunkt.

Am sauersten ist unser Magen mit einem Wert von 1, wohingegen die Bauchspeicheldrüse bei 8, also im sehr basischen Bereich, liegt. Überhaupt sind alle Organe, um voll funktionsfähig zu sein, von einer basischen Umgebung abhängig. Je nach Tageszeit liegt der pH-Wert des Blutes eines gesunden Menschen zwischen 7,35 und 7,45.

Das zum Überleben so wichtige Konstanthalten dieses schmalen Bereiches bedarf vieler Systeme, die vor allem über Nährstoffe/Ernährung, Bewegung, Atmung und Flüssigkeitszufuhr täglich positiv oder negativ beeinflusst werden können. Um einer Übersäuerung entgegenzuwirken, helfen u. a. Lebensmittel, die auf den Körper basisch wirken.

Eines davon ist Kombucha. Obwohl er an sich sauer schmeckt, wird Kombucha so wie andere sauer schmeckende Lebensmittel basisch verstoffwechselt.

Obwohl er an sich sauer schmeckt, wird Kombucha so wie andere sauer schmeckende Lebensmittel basisch verstoffwechselt.

Die Kombucha-Verstoffwechselung hilft dem Körper, den Säure-Basen-Haushalt positiv zu beeinflussen und im Gleichgewicht zu halten.

Durch die Vielzahl an Aminosäuren, die Kombucha neben vielen anderen wertvollen organischen Säuren, lebendigen Bakterien, Vitaminen und Mineralstoffen enthält, hat Kombucha einen pH-Wert von ca. 3,5, liegt also im sauren Bereich. Ähnlich wie saures Obst wird Kombucha trotzdem basisch verstoffwechselt.

Wie bei Zitronen oder Apfelessig wird auch bei Kombucha wertvolle Energie in der Atmungskette (= unser Energielieferant, ein biochemischer Prozess, der in jeder Zelle stattfindet) aus der Säure gewonnen. Dabei entsteht CO_2, das wir einfach abatmen. Nach Verdauung der Fruchtsäure wird der Rest der Früchte basisch verstoffwechselt. Insbesondere die sehr wertvollen Mineralstoffe gelangen basisch durch das Blut in unseren Körper. Somit wirken viele sauer schmeckende Lebensmittel wie Zitronen oder Kombucha auf unseren Körper basisch.

Neben der wertvollen Vielfalt an guten, lebendigen Bakterien und Mikroorganismen, die unseren Darm, unser Lebenszentrum, stabilisieren und erneuern, ist auch die basische Verstoffwechselung einer der Gründe, wieso Kombucha und fermentierte Lebensmittel derart grundlegend für ein langfristiges Wohlbefinden und eine dauerhafte Gesunderhaltung sind.

Deshalb gehört auch der Kombucha als Fixbestandteil zu den täglichen Therapieempfehlungen in meiner Praxis dazu."

Dr.in Johanna Bartussek,
Ärztin für Allgemeinmedizin
www.bartussekmed.com

Die in fermentierten Lebensmitteln enthaltenen Säuren, und damit sind alle Fermente gemeint, die nicht pasteurisiert wurden, wirken also basisch auf unseren Körper und sind sehr gut für uns Menschen. Immerhin zählen wir ja auch zu den „guten" Lebewesen und leben in Symbiose mit unseren Freunden, den „guten" Mikroben. Wenn wir mit ihnen in Gemeinschaft leben, können wir ein Gleichgewicht schaffen, in welchem es uns gut geht und wir gesund und voller Lebensfreude unsere Herausforderungen im Leben meistern können.

Was passiert beim Fermentationsprozess?

Hallo Mikroben!

Mikroben verstoffwechseln Kohlenhydrate, Proteine und Fette eines Lebensmittels zu Alkohol, Kohlendioxid (CO_2) und/oder Säuren (z. B. Milchsäure). Beim Backen von Brot beispielsweise fügt man dem Teig Hefe und Zucker zu. Die Hefen verstoffwechseln den Zucker und produzieren dabei CO_2, wodurch der Teig luftig und locker wird. Dadurch verringert sich die Kalorienlast des Lebensmittels und die Menge und Vielfalt der Nährstoffe erhöht sich.

Auf allen rohen Lebensmitteln befinden sich verschiedenste Mikroben. Sie sind nie isoliert, sondern leben immer in Gemeinschaft und unterstützen sich gegenseitig. Ob sich die „guten" oder die „bösen" Mikroben durchsetzen können, kommt auf die vorliegenden Bedingungen an..

Beispiel Sauerkraut

Kraut wird beispielsweise nicht zu Sauerkraut, indem man es einfach liegen lässt. Wie jedes andere Gemüse auch, fängt es an zu schimmeln. Die aeroben Organismen verwandeln das Kraut nach und nach in einen schleimigen Haufen, welcher keine Ähnlichkeit mit einem knackigen Sauerkraut hat. Hält man es jedoch vom Sauerstoff fern, indem man es unter der sauren Flüssigkeit hält, wird köstliches und lange haltbares Sauerkraut daraus mit all seinen Vorteilen für die Umwelt und die Gesundheit.

Der Fermentier-Erfolg hängt also davon ab, ob die richtigen Bedingungen geschaffen wurden. Diese muss man kennen, schaffen und erhalten. Es geht um den Einfluss von Sauerstoff, Kohlendioxidausstoß, Wässrigkeit, Trockenheit oder Festigkeit, Salzgehalt, Säuregrad, Feuchtigkeit und Temperatur. Aber auch wenn bei der Fermentation alle theoretischen Regeln befolgt werden, entsteht immer ein neues Endprodukt, welches keinem anderen gleicht. Das ist wie beim Wetter, welches zu einem bestimmten Tag im Jahr nie dasselbe ist, wie im Vorjahr.

Ein und dasselbe Ferment hat auf jedem Ort dieser Welt eine andere Zusammensetzung.

Menschen auf der ganzen Welt sind unterschiedlich. Sie haben eine andere Hautfarbe, andere Gesichtszüge, andere Fähigkeiten usw. So ist das auch mit den Mikroben. Das Leben passt sich immer an die Umgebung an. Auch die Pflanzen- und Tierwelt ist eine andere auf den verschiedenen Teilen dieser Erde. Alle Pflanzen und Lebewesen passen sich ihrer natürlichen Umgebung an und können oft nur an einem bestimmten Ort überleben. Sie siedeln sich dort an, wo sie sich wohlfühlen. Sieht man sich die menschliche Darmflora von unterschiedlichen Teilen dieser Erde an, unterscheidet sich auch diese sehr stark voneinander. Damit passt sich jedes Lebewesen an die Bedingungen an, die es vorfindet, und es kann etwas Zeit brauchen, sich auf einem anderen Ort dieser Erde neu einzuleben.

Tipp:

Wenn du verreist, sei immer auf der Suche nach guten heimischen Fermenten voller Leben. Die darin enthaltenen guten Mikroben kennen ihre Feinde aus der Umgebung und können unserem Immunsystem helfen, diese zu bekämpfen.

Arten der Fermentation

Jedes Ferment ist einzigartig!

Es gibt verschiedene Arten der Fermentation. Immer sind es andere Mikroben, die andere Stoffe produzieren. Das macht jedes Ferment einzigartig.

Alkoholische Fermentation

Essigsäure- und Milchsäurefermentation

Bei der alkoholischen Fermentation wandeln Hefen Glukose in Alkohol um, wie das beispielsweise bei angeschlagenen oder überreifen Früchten der Fall ist. In der Natur leben Hefen daher häufig mit Pflanzen zusammen: auf Früchten, Blättern, Blüten und ausgetretenem Pflanzensaft. Heute gibt es einfachheitshalber im Handel auch viele industriell gezüchtete Hefestämme, welche einer zuckerhaltigen Flüssigkeit zugesetzt werden. Dabei sind die meisten vergärbaren Zucker bereits von natürlichen Hefen besiedelt. Die Aufgabe liegt darin, diese Hefen dazu zu bringen, sich zu vermehren und Alkohol zu produzieren.

Bei der Essigsäurefermentation entsteht aus Alkohol Essig. Bei der Milchsäurefermentation (milchsaures Einlegen) verwandeln Milchsäurebakterien den Zucker in Milchsäure wie beispielsweise bei der Herstellung von Käse, Sauermilch oder sauer vergorenem Gemüse. Meist handelt es sich um eine gemischte Fermentation, bei welcher verschiedene Hefen, Milch- und Essigsäurebakterien Nährstoffe verstoffwechseln. Sie arbeiten immer zusammen und ergänzen sich gegenseitig.

Es werden entweder die Bakterien und Hefen genutzt, die in einem Lebensmittel und in der Umgebung vorkommen, oder es wird mit einer Starterkultur gearbeitet.

Wilde Fermentation

Fermentation mit Starterkulturen

Bei der wilden Fermentation, auch Spontangärung genannt, werden einem Lebensmittel keine Mikroben zugesetzt. Man arbeitet mit den Mikroben, die auf dem Lebensmittel, in der Luft und in der Umgebung sind. Welche Art der wilden Fermentation vor sich geht, bestimmt grundsätzlich die Natur. Bei Trauben beispielsweise lösen Hefen eine alkoholische Gärung aus. Bei Milch oder Gemüse dominieren Milchsäurebakterien und lösen eine Milchsäuregärung bzw. Laktosefermentierung aus. Meist handelt es sich um eine Mischform.

Bei der Fermentation mit Starterkulturen werden spezielle, zuvor isolierte Mikroben den Nahrungsmitteln hinzugefügt, die den Fermentationsprozess starten. Das sind sogenannte Starterkulturen. Es genügt meist, eine kleine Menge eines fertig fermentierten Lebensmittels unter ein noch unvergorenes Lebensmittel zu mischen. Beispiele dafür sind Joghurt oder Sauerteig. Auch diese Starterkulturen waren einmal Ergebnis einer wilden Fermentation. Manche Starterkulturen haben sich zu speziellen Formen entwickelt, die sich als geschlossene Gemeinschaft immer wieder selbst herstellen. Sie werden Scoby (= Symbiotic Culture of Bacteria and Yeast bzw. symbiotische Gemeinschaft von Bakterien und Hefen) genannt. Dazu zählen beispielsweise Kefir und Kombucha. Auch wenn diese geformten Kulturen aus dem täglichen Umgang mit den Menschen entstanden sind, können sie nicht aus sich selbst entstehen. Man kann sie aber vermehren, indem man sie laufend füttert.

AHA!

Fermentation gestern

Fermentation ist keine Erfindung des Menschen.

Fermentation ist keine Erfindung des Menschen. Sie ist ein natürliches Phänomen, das wir Menschen verstehen, lernen und lenken dürfen. Fermente gehören zu den ältesten und wichtigsten Lebensmitteln überhaupt. Die ersten Funde sind aus der Steinzeit. Es wurde nachgewiesen, dass Steinzeitmenschen fermentierten Mageninhalt von erlegten Tieren gegessen haben.

Vor 3,4 Millionen Jahren Steinzeitmenschen ernährten sich von fermentiertem Mageninhalt erlegter Tiere.

7000 v. Chr. In China trank man ein alkoholisches Getränk aus Trauben, Weißdorn, Honig und Reis.

6000 v. Chr. Die ersten Utensilien zur Milchverarbeitung für Mitteleuropa wurden gefunden.

3000 v. Chr. Die antiken Ägypter waren bereits Meister der Fermentation. Viele fermentierte Lebensmittel wie Bier, Joghurt, Käse, Wein und Essig gehörten zu ihren Hauptnahrungsmitteln.

Geschichte zum Bier

Pyramidenbauer bekamen täglich drei bis vier Liter Bier als Bezahlung. Der Alkoholgehalt im Bier war damals jedoch noch sehr gering und das Bier war unpasteurisiert. Damals waren es die Frauen, die das Bier brauten und sich zum Biertrinken getroffen haben. Später erst wurde es Aufgabe der Männer und Mönche. Heute braut die Industrie nach standardisierten Maßstäben steriles Bier.

1000 v. Chr. In China behandelte man Hautinfektionen mit fermentierter Soja-Masse.

Antike Griechen und Römer fermentierten Fisch zu Fischsauce.

1150 Hildegard von Bingen, eine mittelalterliche Äbtissin und Botanikerin, verwendete für ihre heilenden Kräuter fermentierte Getränke (Bier, Wein und Essig).

1650 Gewürzte Fischtunke aus fermentiertem Fisch erfreute den Gaumen vieler Engländer. Heute wurde daraus ungesundes Fast-food-Ketchup aus Tomaten und Zucker.

1665 Die Existenz von Mikrotieren wurde mit selbst gebauten Mikroskopen erstmals wissenschaftlich belegt.

1750 Der Seefahrer James Cook versorgte seine Mannschaft auf See mit Sauerkraut und konnte sie damit vor der Vitaminmangelkrankheit Skorbut schützen.

Ab 1800 Mit der Industrialisierung wurden nur mehr einzelne produkteffiziente fermentierte Lebensmittel wie Brot, Alkohol oder Käse hergestellt. Konserven und Dosen kamen auf den Markt.

1850 Louis Pasteur hat erstmals bewiesen, dass Gärungsprozesse von Mikroben gesteuert werden und diese durch Erhitzung (Pasteurisierung) absterben. Den Mikroben wurde damit der Krieg erklärt.

1871 Carl von Linde entwarf seine erste Kältemaschine. Der Kühlschrank kam jedoch erst in den 1950er-Jahren in die Haushalte.

1907 Ilja Metchnikoff beschreibt in seinem Buch „Prolongation of Life" die therapeutische Wirkung von milchsäureproduzierenden Bakterien in fermentierten Milcherzeugnissen wie Joghurt oder Kefir. In der Medizin verfolgte man jedoch weiter den Kampf gegen die Bakterien.

1940 Das Penicillin mit seiner antibakteriellen Wirkung wurde entdeckt. Unmengen an Antibiotika werden ab nun produziert und eingenommen.

1970 Industriell hergestellte Starterkulturen sorgen für eine Standardisierung von fermentierten Produkten wie Käse, Bier und Wein. Häusliche Fermentation wird als „unsicher" bezeichnet.

Seit 1990 Mikroben stehen im Mittelpunkt vieler Wissenschaftler. Geforscht wird jedoch hauptsächlich für wirtschaftliche Zwecke. Die Erhaltung unserer Kultur steht dabei nicht im Vordergrund. Man möchte bestimmte Stämme von Mikroben selektieren, patentieren und als „Gesundmacher" verkaufen.

2001 Die Weltgesundheitsorganisation (WHO) definiert gemeinsam mit der Ernährungs- und Landwirtschaftsorganisation der Vereinten Nationen (FAO) Probiotika und stellt deren positive Wirkungen auf unsere Gesundheit dar.

2007 Die Europäische Behörde für Lebensmittelsicherheit (EFSA) kommt zu einer wichtigen Erkenntnis: Die Verwendung von Mikroben für die Lebensmittelherstellung ist sicher!

Wie man sieht, wurde schon lange vor dem Internetzeitalter fermentiert.

Es war nicht möglich, sich einfach schnell eine Anleitung für ein Sauerkraut online zu suchen. Viele von uns kennen es von unseren Großeltern oder vielleicht sogar von den Eltern, die immer darauf geachtet haben, dass genug zu essen vorrätig war. Im Keller fanden sich viele Gläser voller buntem Gemüse wieder.

Woher wussten sie damals schon, wie man fermentiert, warum man das macht, wann der Fermentationsprozess fertig ist oder wie lange das fermentierte Lebensmittel gut ist? Für all diese Fragen hatten sie kein Internet und anfangs auch noch keine Bücher. Doch sie hatten ihre Instinkte und ihre Sinne und sie vertrauten darauf. Erfahrungen und Wissen darüber wurde von Generation zu Generation weitergegeben und weiterentwickelt. Viele gute Fermente entdeckten wir Menschen aus Zufall, wie beispielsweise das Joghurt oder fermentiertes Getreide. Durch Beobachten und Probieren erkannten wir, dass saure Milch besser verträglich für uns ist und länger hält oder dass fermentiertes Getreide bekömmlicher ist. Wir lernten, dass unsere Nahrungsmittel durch Gärungsprozesse nicht nur zu schimmeln beginnen und verderben, sondern auch besser werden und damit haltbar gemacht werden können und dass wir diese Prozesse lenken können.

Gründe für die Fermentation gestern:

Volle Supermarktregale, Strom und Plastik gibt es noch nicht lange. Mit der Fermentation konnten Lebensmittel haltbar gemacht werden, ohne dass man dafür Strom, Transport oder Plastik benötigte. Sie war für uns Menschen schon immer eine wichtige Methode, damit wir uns selbst versorgen können. Aber auch der Genuss und die Freuden für unseren Gaumen spielten eine wichtige Rolle für uns Menschen. Die Fermentation brachte Abwechslung in unsere Küche und sorgte immer wieder für neue Geschmacksexplosionen. Bald erkannten wir Menschen auch, dass unsere Nahrung besser verträglich oder überhaupt erst genießbar für uns ist, wenn wir sie fermentieren. Wasser kam nicht immer schon aus der Wasserleitung und wurde regelmäßig von einem Labor untersucht. Früher löschten fermentierte Getränke wie Wein, Bier, Kefir oder Kombucha unseren Durst. Wasser war damals nicht die beste Wahl, da es oft verschmutzt war. Durch die Arbeit vieler guter Bakterien wurde es „gereinigt" und wir konnten es trinken, ohne davon krank zu werden.

Fermentation heute

Die Fermentation gibt den Rhythmus vor.

Lebensmittel sind heute immer und überall aus der ganzen Welt erhältlich und können für eine längere Haltbarkeit entsprechend behandelt und gekühlt werden. Dabei wird viel Energie benötigt, die Lebensmittel verlieren wichtige Nährstoffe bei der Lagerung und werden mit industriell hergestellten chemischen Substanzen versehen, die der Körper wieder abbauen muss. Bei der Fermentation hingegen werden keine zusätzliche Energie oder zusätzliche chemische Substanzen für die Haltbarkeit benötigt und der Nährstoffgehalt wird sogar erhöht.

Es ist wichtig, dass die traditionelle Fermentation dokumentiert wird, damit sie nicht ausstirbt und an große industrielle Konzerne verloren geht, welche die Macht an sich nehmen und die Konsumenten abhängig machen. Um das zu erreichen, dürfen wir Bakterien nicht weiter als Feinde betrachten und einen Krieg mit antibiotischen Waffen führen. Nachdem wir Menschen erkannt haben, dass es bakterielle Krankheitserreger gibt, entwickelten wir Antibiotika, Chemikalien und antibakterielle Seifen, womit wir den Bakterien den Krieg angesagt haben. Das Problem dabei ist, dass auch die Bakterien abgetötet werden, die uns vor den krankheitserregenden Bakterien schützen. Damit macht uns die wahllose Tötung von allen Bakterien anfälliger gegen Krankheiten. Hinzu kommt, dass die krankheitserregenden Bakterien auch sehr schnell wandlungsfähig sind und sich anpassen.

Sie werden resistent gegen die eingesetzten Präparate. Damit erzeugen wir neue krankheitserregende Bakterien. Der permanente Pauschalangriff auf Bakterien ist damit nicht nur falsch, sondern auch gefährlich. Wir rotten unsere mikrobiellen Partner unter hohem Risiko aus. Dabei sind sie unsere größte Hoffnung für unsere biologischen Wege in die Zukunft. Sie haben das Potenzial zur Entgiftung und Anpassung und könnten in einer Zukunft voller Unsicherheiten einen Schlüssel fürs Überleben darstellen.

Heute gibt es Informationen in Hülle und Fülle. Mr. Google hat auf jede Frage eine Antwort. Manche Antworten sind gut und richtig, viele davon sind jedoch falsch und haben nur das Ziel, uns zu beeinflussen. Sie machen uns Angst. Angst vor Bakterien. Angst vor Lebensmitteln, deren Mindesthaltbarkeitsdatum abgelaufen ist oder die gar keines haben, weil sie selbst hergestellt wurden. Angst vor neuen Geschmäckern. Mit dieser Angst verlieren wir das Vertrauen in unsere eigenen Fähigkeiten und Instinkte. Wir brauchen wissenschaftlich dokumentierte Belege und Laboruntersuchungen, bevor wir an etwas glauben. Da jedoch in verschiedene Richtungen geforscht wird, je nachdem, welche Intention hinter einem Forschungsprojekt steht, gibt es viele verschiedene wissenschaftlich belegte Aussagen. Gerade im Bereich der Ernährungswissenschaften findet man sich sehr schnell vor verschiedenen Studien mit gegensätzlichen Aussagen. Damit werden die heute vorliegenden verschiedenen Ernährungslehren begründet. Was ist nun richtig und was ist falsch? Soll man das Essen lange kochen, wie es die TCM empfiehlt, um das Chi zu stärken, oder gar nicht kochen, weil man dabei wichtige Nährstoffe zerstört, wie das die Rohkostverfechter behaupten und belegen.

Meine Meinung ist, dass jeder Mensch selbst am besten weiß, was ihm guttut.
Wir tragen dieses wertvolle Wissen in uns und müssen nur lernen, auf uns zu hören, uns zu lesen, zu verstehen und auf uns selbst zu vertrauen. Es ist unsere Intuition, die uns sagt, was wann gut für uns ist.

Sie führt uns durchs Leben und zeigt uns, was wir essen sollen und was nicht und wie wir es zubereiten sollen. Natürlich ist es gut, sich zu informieren und sich Wissen anzueignen. Es ist beispielsweise gut zu wissen, was der Unterschied zwischen Kohlenhydraten, Fetten und Eiweiß in unserem Essen ist und wofür wir diese brauchen. Es hilft uns, unsere Bedürfnisse besser verstehen zu können. Wichtig dabei ist, sich die Quellen der Informationen genau anzuschauen und sich selbst zu fragen, was davon kann ich gerade brauchen und was nicht. In der heutigen Zeit liegt die Herausforderung nicht darin, zu Informationen zu kommen. Die große Herausforderung heute ist, bei einem Informationsüberfluss und einer ständigen Reizüberflutung die eigene Intuition, die ganz leise ist und von innen kommt, zu hören und darauf zu vertrauen. Es ist wichtig zu verstehen, dass jeder Mensch anders is(s)t und damit nicht besser oder schlechter ist.

Bei der Fermentation heute geht es genau darum. Einerseits ist es wichtig und gut, dass es schon viele wissenschaftliche Studien dazu gibt, die uns verstehen helfen, was Fermentation ist und wie sie funktioniert. Andererseits brauchen wir unsere Sinne und unsere Intuition dafür.

Die gute Nachricht ist, man muss nicht studieren, um fermentieren zu können. Sogar Sandor Ellix Katz, dessen Buch „Die Kunst des Fermentierens“ als die Bibel der Fermentation bezeichnet wird, nennt sich selbst einen Essen liebenden „Back-to-the-Land-Allrounder“, der – angestachelt von einem unersättlichen Appetit, dem praktischen Wunsch, dass Essen nicht verdirbt, und dem sturen Wunsch, gesund zu bleiben – seine Leidenschaft für ein natürliches Leben und die Fermentierung entdeckt hat. Er hat ohne Vorbildung in Mikrobiologie oder Ernährungswissenschaften ein Meisterwerk über die Fermentation geschrieben, über das alle Fermentistas sehr dankbar sind.

Wissenschaftliche Studien sind bei der Fermentation genauso wichtig wie Wissen, das von Generation zu Generation weitergegeben wird. Es darf nicht verloren gehen! Wenn Methoden und Lebensweisen viele Jahrhunderte und Jahrtausende praktiziert und immer wieder weitergegeben wurden, dann hat das einen Grund. Auch wenn wir ihn noch nicht bis ins letzte Detail wissenschaftlich untersucht und verstanden haben.

Gründe für die Fermentation heute:

Vorratshaltung hat heute an Bedeutung verloren. Die Regale in den Supermärkten sind voll und lassen keinen Wunsch offen, das ganze Jahr über. Die Angst davor und die Erkenntnis darüber, dass wir in unserer alltäglichen Versorgung abhängig sind von globalen Handelsketten, lassen den Aspekt der Haltbarmachung und Selbstversorgung jedoch langsam, aber sicher wieder in den Vordergrund rücken. Denn was passiert mit uns, wenn die Regale in den Supermärkten plötzlich leer sind?

EAT

Wie früher so auch heute ist uns der gute Geschmack in unserem Essen wichtig. Wir wollen unseren Gaumen freudig überraschen, mit neuen unerwarteten Geschmacksexplosionen verwöhnen. Spitzenköche haben erkannt, dass gutes Essen Liebe, Zeit und gute Mikroben braucht. Der gute Geschmack ist auch heute noch ein wichtiger Grund für das Experimentieren mit Mikroben in der Küche.

Der Hauptgrund für die Fermentation heute liegt meiner Meinung nach in ihrem Nutzen für unsere Gesundheit. Mit industriell hergestellten, chemischen Zusatzstoffen, kurzen Zubereitungszeiten, schnellem, totem, nährstoffarmem und energiedichtem Essen, wenig Ballaststoffen und anderen wichtigen Nährstoffen wie sekundären Pflanzenstoffen belasten wir unseren Gesundheitszustand von Tag zu Tag.

Dazu kommen starke psychische Belastungen und viele Gifte für unseren Körper durch Medikamente, Elektrosmog, WLAN oder Amalgam. Immer öfter halten wir den Atem an und signalisieren damit unserem Körper, dass er in Alarmbereitschaft sein muss. Immer weniger können wir diesen Stresszustand durch guten Schlaf ausgleichen. Auch die Verbindung zur Natur, die uns mit Lichtstrahlen und Elektronen wieder aufladen kann, geht immer mehr verloren.

„Tu deinem Körper etwas Gutes, damit deine Seele Lust hat, darin zu wohnen."

Teresa von Avila

Unser Körper gibt uns die notwendigen Signale, die uns zeigen sollen, wenn etwas in uns aus dem Gleichgewicht gerät und das Fass überzugehen droht. Das beginnt mit leichtem Kopfweh über verschiedene alltägliche „kleine" Beschwerden, wie eine unregelmäßige Verdauung, Bauchschmerzen, Allergien, Unverträglichkeiten und reicht bis hin zu schweren Erkrankungen wie Krebs. Unsere Medizin heute ist nicht darauf ausgerichtet, die Ursachen für die Symptome zu erforschen und diese langfristig zu behandeln. Sie sucht den schnellen Weg, bei welchem die Symptome kurzfristig gelindert werden.

Viele von uns sehnen sich jedoch nach einem Leben ohne lästige Alltagssymptome und die regelmäßige Einnahme von Tabletten, mit welchen wir lediglich die auftretenden Symptome bekämpfen. Diese Symptome sind wichtig und es sollte nicht darum gehen, sie einfach mit Tabletten wegzuschlucken. Sie sind unsere Wegweiser. Lesen und verstehen können wir sie jedoch nur selbst. Das ist eine wichtige Erkenntnis, die jeder für sich machen darf auf seinem Weg zur Besserung oder Erhaltung seiner Gesundheit. Hilfe dabei bietet uns die Wissenschaft, unsere persönlichen Erfahrungen, der Austausch mit unseren Mitmenschen und im Besonderen auch unsere Intuition. Damit wir sie wahrnehmen können, ist es wichtig, ruhig zu atmen, unseren Körper zu spüren, ausreichend zu schlafen, von Herzen zu lachen, in die Sonne, in den Wald und hin und wieder auch mal barfuß zu gehen, um die Erde zu spüren. Genauso wichtig ist gutes nährstoffreiches und lebendiges Essen mit vielen guten Mikroben.

Die Fermentation hilft uns heute dabei, besser auf uns selbst und auf unsere Umgebung zu achten. Sie zeigt uns den Weg und gibt uns einen Rhythmus vor. Wir dürfen durch sie erkennen, dass wir Teil von etwas Ganzem sind und uns mit unserer Umwelt austauschen können und sollen. Sie lehrt uns Vertrauen in die Natur und in unsere eigenen Fähigkeiten zu haben. Sie zeigt uns, dass wir nicht alleine sind, wir uns selbst helfen, uns selbst versorgen können und für alle genug zu essen da ist. Niemand muss hungern.

Tipp:

Probieren geht über Studieren! Bleib dran, auch wenn etwas nicht beim ersten Mal klappt. Schau, wie es andere machen, bei denen es gut funktioniert. Entwickle Gewohnheiten für alles, was dir gut schmeckt, guttut und gut in deinem Alltag integrierbar ist. Dann geht das Fermentieren ganz von alleine und unterstützt dich im Alltag dabei, gesünder zu leben, mehr Energie und Freude zu haben, mehr Zeit zu haben, mehr Geschmack und mehr Vielfalt in der täglichen Ernährung zu haben.

Warum ist Fermentation so wertvoll?

Gesunder Genuss, Nachhaltigkeit, Unabhängigkeit.

Gesunder Genuss

Fermentation ist gesunder Genuss, der nachhaltig ist und unabhängig macht.

Die Wissenschaftswelt ahnte schon Anfang des 20. Jahrhunderts, wie wichtig gute Bakterien für uns sind. Der russische Nobelpreisträger Ilja Metchnikoff beobachtete damals bulgarische Bergbauern, die oft über hundert Jahre alt wurden und das mit auffällig guter Laune. Er vermutete, dass das Geheimnis in deren Lederbeuteln lag, worin sie die Milch ihrer Kühe transportierten. Während ihrer langen Wegstrecken wurde die Milch zu Sauermilch oder Joghurt, bis sie zu Hause ankamen. Er war davon überzeugt, dass die regelmäßige Einnahme von guten Bakterien zu einem besseren und längeren Leben verhilft.

Heute sind die wissenschaftlichen Erkenntnisse über die Rolle der guten Bakterien in unserem Körper noch immer sehr vage und man muss bedenken, dass Studien von Unternehmen finanziert werden, die ein bestimmtes Ziel verfolgen. Daher werden meist nur bestimmte Bakterien auf bestimmte mögliche Auswirkungen beobachtet.

Nach und nach bestätigt jedoch die Wissenschaft das, was traditionelle Kulturen schon immer wussten: Sie können das gesundheitliche Allgemeinbefinden in Kombination mit anderen Faktoren wie einer allgemein gesunden Ernährung, ausreichend Schlaf und Bewegung verbessern. Sie sind jedoch auch keine Wundermittel gegen bestimmte Krankheiten.

Die gesundheitlichen Vorteile von fermentierten Lebensmitteln zeigen sich vor allem in einer Vermehrung der Vitalstoffe, einer besseren Verträglichkeit durch den Abbau von Antinährstoffen und anderen Giftstoffen, vielen guten Mikroben für eine gesunde Darmflora und in vielfältigen und besonderen Geschmackserlebnissen ohne künstliche Zusatzstoffe.

Persönliche Erfahrung
von Dr.[in] med. Johanna Bartussek,
Wahlärztin für orthomolekulare Medizin und Ernährungsmedizin, Linz/Wien, *www.bartussekmed.com*, mit Fermentista Andreas lebendigen Produkten:

„Als Ärztin mit dem Thema Darmgesundheit als einem meiner Schwerpunktgebiete in meiner Praxis arbeite ich sehr viel und gerne mit den Produkten von Fermentista Andrea.

Ihr Kombucha, aber auch das andere fermentierte Gemüse halten einen hohen Qualitätsstandard und schmecken absolut lecker. Sie tragen u. a. zur einer deutlich messbaren Beschwerdebesserung in den Bereichen Darmgesundheit, allgemeines Wohlbefinden und psychische Stabilität/Resilienz sowie erhöhte Nährstoffaufnahme bei.

Ich bestelle regelmäßig und sehr gerne beruflich wie privat ihre mit viel Liebe und Sorgfalt hergestellten Produkte.

Absolute Topqualität, Verlässlichkeit und Engagement machen Andrea als Mensch und ihre Produkte aus.

Gerne trinke ich selbst in der Praxis zwischendurch den Erfrischungstee-Kombucha, um an langen Tagen fit zu bleiben. Mein persönliches Highlight ist außerdem die fermentierte Knoblauchpaste – ein Teelöffel im Salatdressing ermöglicht ein rundum erfüllendes Geschmackserlebnis ohne die sonst so unangenehme Geruchsausdünstung.

Außerdem schätze ich mich glücklich, auch meinen PatientInnen mit gutem Gewissen regionale hochqualitative Produkte zur Gesundheitsförderung weiterempfehlen zu können!“

Mehr Vitalstoffe

Bei anderen Formen der Haltbarmachung, wie Vakuumieren, Kühlen, Tiefkühlen oder Trocknen, gehen bei der Lagerung viele Vitalstoffe verloren. Vor allem sind es die B-Vitamine Thiamin (B1), Riboflavin (B2) und Niacin (B3), die von den Mikroben während des Fermentationsprozesses produziert und vermehrt werden. Bezüglich des bei der Fermentation entstehenden Vitamin B12 ist man sich noch uneinig, ob es sich dabei nur um ein inaktives Pseudovitamin B12 handelt.

Es wäre nun falsch zu denken, dass der Vitalstoffgehalt von fermentierten Lebensmitteln ins Unendliche steigt und sie besser werden, je länger sie gelagert werden. So ist es nicht. Der Verlauf an den enthaltenen Vitalstoffen ähnelt einer Glockenkurve. Zuerst steigt der Gehalt stark an und nach einer Zeit sinkt er wieder. Wie schnell dieser Verlauf vor sich geht, hängt vom Lebensmittel selbst und den Lagerbedingungen ab. Je wärmer ein fermentiertes Lebensmittel gelagert wird, desto schneller geht dieser Prozess vor sich, da die Mikroben aktiver sind. Je kühler es gelagert wird, desto inaktiver sind die Mikroben und die Kurve zieht sich länger hinaus. Es macht daher keinen Sinn, fermentierte Lebensmittel für mehrere Jahre auf Vorrat zu lagern. Man kann jedoch durch sie einen guten Ausgleich an Nahrungsvorräten über das Jahr verteilt schaffen.

Fermente helfen uns dabei, gesund zu bleiben!

Wann der Gehalt an Vitaminen und Mineralstoffen bzw. welche von ihnen bei welchen Fermenten zu welchem Zeitpunkt und unter welchen Bedingungen am höchsten sind, ist noch nicht ausreichend erforscht. Sieht man sich jedoch unsere Evolution an, wird schnell klar, dass es sich bei der Fermentation um ein wichtiges Werkzeug für uns Menschen handelt, das unser Überleben sichern kann. Rohe fermentierte Lebensmittel mit ihrem hohen Gehalt an lebenden Mikroben, Vitaminen, Mineralstoffen und sekundären Pflanzenstoffen, welche im Körper antioxidativ, immunstimulierend und gerinnungshemmend wirken, können uns im Kampf gegen heutige vorherrschende Todesursachen wie Diabetes Krebs und Herz-Kreislauf-Erkrankungen helfen.

Tipp:

Bis die Wissenschaft ausreichend Daten liefert, mache deine eigenen Experimente in deiner Küche. Du wirst schnell merken, was dir guttut und was nicht. Auch unsere Vorfahren haben auf diese Weise wichtige Erkenntnisse für sich und ihre Nachkommen gewinnen können.

Verbesserte Vitalstoffaufnahme

Mikroben produzieren und vermehren Vitalstoffe nicht nur, sie sorgen auch dafür, dass wir sie besser aufnehmen können. Beim Fermentationsprozess verdauen Mikroben organische Zusammensetzungen eines Lebensmittels vor, die für uns Menschen nur schwer verdaulich sind. Dadurch werden Mineralstoffe biologisch besser verfügbar und bestimmte Verbindungen aufgespalten. Beispielsweise werden die in der Sojabohne enthaltenen schwer verdaulichen Proteine zu einzelnen Aminosäuren vorverdaut, die wir besser verwerten können. Im Getreide wird die essenzielle Aminosäure Lysin für uns Menschen besser verfügbar gemacht durch die Arbeit der Milchsäurebakterien in einem Sauerteig. Dafür brauchen die Mikroben ausreichend Zeit, die sie in einem schnell aufgehenden Hefeteigbrot nicht bekommen. Milch wird besser verträglich, weil Milchsäurebakterien Laktose in Milchsäure umwandeln. Fleisch und Fisch werden durch die enzymatische Verdauung der Fermentierung zart. Unterstützt wird dieser Effekt auch durch eine gesunde Darmflora.

Lebendige Nahrung für einen gesunden Darm

Werden fermentierte Lebensmittel, ohne gekocht zu werden, verzehrt, sorgen lebendige Mikroben für gesundheitliche Vorteile in unserem Darm. Im Handel müssen Lebensmittel meist pasteurisiert werden, wodurch die lebenden Kulturen zerstört werden. Um die Vorteile der Lebendkulturen zu erhalten, muss man diese Lebensmittel unpasteurisiert kaufen oder selbst herstellen. Nehmen wir lebendige Nahrung zu uns, wirkt diese auf unseren Darm und über diesen auf unseren gesamten Organismus. Um zu verstehen, warum das so ist und wie das funktioniert, ist es wichtig, ein paar Fakten über die Darmflora zu wissen.

Fermentation ist die einzige Haltbarmachungsmethode, bei der sich die Vitalstoffe im Lebensmittel während der Lagerung vermehren!

Die Darmflora

Wir Menschen werden von Mikroben besiedelt, wie der Planet Erde von uns Menschen. 99 % davon befinden sich im Darm und bilden die Darmflora. Als Darmflora wird die Mikrobenlandschaft in unserem Darm bezeichnet.

Wissenschaftlich korrekt sagt man Mikrobiota (= kleine Leben) oder auch Mikrobiom. Sie stellt ein eigenes anaerobes Ökosystem dar, welches 100 Billionen Mikroben umfasst, bis zu zwei bis drei Kilogramm Gewicht erreichen kann und 300 bis 400 m^2 groß werden kann. Das ist vergleichbar mit einem Tennisplatz. Damit diese Fläche in unserem Bauch Platz findet, wird sie wie eine Ziehharmonika gefaltet. Die dadurch entstehenden Falten sind die Darmzotten. Sie beherbergen

Aufgaben der Darmflora

Nährstoffaufnahme

Kommunikation mit dem Gehirn

Automatische Steuerung unserer Darmmuskeln (Peristaltik)

Produktion von Vitaminen, Säuren, Gasen, Fetten, Enzymen …

Abwehr von Krankheitserregern und Bildung von Antikörpern (Immunfunktion)

Abbau von Giftstoffen, Medikamenten, Gallensäure, Cholesterin, Hormonen …

unsere Mikroben, die eine grobe Auskunft darüber geben, wer wir sind und was wir können. Beispielsweise findet man im Darm von übergewichtigen Menschen oft mehr Bakterien, die auf den Abbau von Kohlenhydraten spezialisiert sind. Bei älteren Menschen gibt es weniger Bakterien, die gegen Stress wirken, und in Tokio können Darmbakterien Seealgen zerlegen.

Wenn ein neues Menschenleben entsteht, ist der Darm eines der ersten Organe, das sich ausbildet. Aus dem Darm entstehen dann alle anderen Organe und Gliedmaßen. Man vermutet auch, dass das Gehirn aus dem Darm entsteht. Damit ist der Darm überall in unserem Körper beteiligt und spielt auch bei der Erhaltung der Gesundheit eine wesentliche Rolle.

Fermentation versorgt uns über das ganze Jahr mit Vitaminen und Mineralstoffen.

Gute Mikroben für ein starkes Immunsystem

Das Immunsystem besteht aus Zellen, die Fremdkörper erkennen. Seltsame oder gefährliche Eindringlinge werden von ihnen erkannt und abgetötet. 80 % unseres Immunsystems befindet sich im Darm. Ist dieser gesund und reich an vielen verschiedenen guten Darmmikroben, haben unwillkommene Eindringlinge wie schädliche Bakterien, Parasiten oder Pilze und damit auch viele chronische Krankheiten keine Chance mehr.

Gute Mikroben helfen beim Abnehmen

Bestimmte Bakterien können die Ursache für Übergewicht sein. Sie können dafür sorgen, dass aus demselben Essen mehr Energie herausgeholt wird. Menschen, die mehr von diesen Bakterien im Darm haben, bekommen lästige Fettpolster, obwohl sie dasselbe essen wie Menschen, die weniger dieser Bakterien haben. Dazu kommt, dass diese Bakterien nach schlechtem Essen verlangen und Heißhunger auslösen können. Gute Bakterien hingegen können helfen, dass diese Gelüste verschwinden.

Heißhungerattacken werden nicht immer von unserem Gehirn gesteuert, sondern auch in unserem Darm können Bakterien sitzen, die nach Schokolade & Co. verlangen. Sie können sogar bestimmen, wann wir genug davon haben bzw. wann wir satt davon sind. Immerhin hängt auch ihr Leben davon ab. Wir können also unsere Sattheits-Signalstoffe fördern, indem wir „bakteriengerecht“ essen. Es zeigt sich auch, dass übergewichtige Menschen weniger Vielfalt in der Darmflora haben. Beim Abnehmen spielen also auch der Darm und die Darmbakterien eine Rolle.

Tipp:

Iss langsam und kaue dein Essen gut. Das Sättigungsgefühl tritt erst nach ca. 15 Minuten ein. Wenn du zu schnell isst, überisst du dich und überforderst dich und deinen Darm. Ein hastiges und schnelles Essen nebenbei kann Ursache für Bauchschmerzen und Blähungen sein, weil der gesamte Verdauungstrakt nicht bereit für das Essen war und es nicht gut verdauen konnte. Das wird oft verwechselt mit Unverträglichkeiten. Dabei kann es schon helfen, wenn du einfach in Ruhe isst, dein Essen gut kaust und dich nur auf dein Essen konzentrierst.

Stuhltransplantationen

Menschen mit einer gesunden Darmflora können Menschen mit Darmerkrankungen helfen, indem sie ihren Stuhl zum Einpflanzen spenden.

Vor der Transplantation wird der Stuhl natürlich genauestens untersucht. Solche Stuhltransplantationen hören sich zwar nicht sehr appetitlich an, sind aber sehr vielversprechend. Wer es gar nicht erst zu einer Darmerkrankung kommen lassen und sich über Stuhltransplantationen Gedanken machen möchte, kann vorsorgen. Natürliche Fermente im Alltag integriert sind ebenfalls sehr vielsprechend und viel appetitlicher.

„Darm gesund – kerngesund. Darm krank – Mensch krank.“

Hippokrates

(griechischer Arzt 46 v. Chr.)

Probiotika

Das Wort Probiotika kommt von „Pro bios“ und bedeutet „für das Leben“. Es handelt sich dabei um Bakterien, die von unserem Organismus aufgenommen werden und ihm dadurch einen Vorteil bringen. Diese Bakterien werden in Laboren ausgesucht und kultiviert. Die Vorteile entstehen vor allem im Zusammenhang mit der Behandlung und Vorbeugung von Krankheiten des Verdauungstraktes wie Durchfall, entzündliche Darmerkrankungen, Reizdarmsyndrom, Verstopfung und sogar Dickdarmkrebs. Sie erweisen sich auch wirksam bei Vaginalinfektionen und reduzieren nachweislich das Auftreten und die Dauer von Erkältungen und Infekten der Atemwege, wodurch Fehltage am Arbeitsplatz reduziert werden können. Bei Intensivpatienten erhöhen sie Behandlungserfolge und verhüten Infektionen. Außerdem zeigen sie eine positive Wirkung auf den Blutdruck und Cholesterinspiegel. Die regelmäßige Aufnahme von Probiotika kann bei Kindern Karies reduzieren. Geforscht wird auch an der Wirksamkeit von Probiotika bei Allergien, Harnwegsinfekten, der Vorbeugung von Nierensteinen, Parodontose und verschiedenen Krebsarten. Probiotika werden als eines unserer effektivsten Werkzeuge gegen neue und aufkommende Erreger gesehen.

Womit du deine Darmflora zerstörst:

- Zu wenig Nahrungsmittel mit lebendigen Probiotika
- Kaloriendichte Lebensmittel wie Zucker und Weißmehl, die keine Vitalstoffe und Präbiotika enthalten
- Künstliche Süßstoffe
- Künstliche Konservierungsmittel und Farbstoffe
- Zu wenig Entspannung und Schlaf
- Sorgen, Stress und andere negative Gedanken
- Berufliche oder private Probleme
- Lebensmittel, gegen die du eine Allergie oder Unverträglichkeit hast
- Zu große Essensportionen
- Zu viele Zwischenmahlzeiten
- Andere Krankheiten
- Künstliche Zusatzstoffe, wie man sie zum Beispiel in vielen Körperpflegemitteln (Shampoos, Lotionen, Deodorants, Zahncremes, Duschgelen, Seife), Haushaltsreinigern und Nahrungsmitteln aus konventioneller Herstellung findet.
- Schwermetalle wie Arsen, das in vielen Reissorten enthalten ist, oder Blei, welches manche Zahnfüllungen (Amalgam) aufweisen.
- Umweltgifte allgemein
- Antibiotika und andere Medikamente
- Alkohol, Zigaretten und andere Suchtmittel
- Zu wenig Bewegung
- Zu wenig Sauerstoff
- Zu wenig Wasser
- Transfette, die in vielen verarbeiteten Produkten enthalten sind
- Zu viele gesättigte Fette aus tierischen Lebensmitteln

Was deiner Darmflora guttut:

- Rohe Fermente als natürliche Probiotika
- Nährstoffdichte Lebensmittel mit vielen Vitalstoffen und Präbiotika (Obst, Gemüse, Vollkornprodukte, Hülsenfrüchte)
- Ausreichend Schlaf und Entspannung
- Positive Gedanken
- Von Herzen lachen
- Bewegung
- Frische Luft
- Genug Wasser trinken
- Entspanntes Essen
- Langes Kauen
- Mehrfach ungesättigte Fette, die in Nüssen vorkommen

Die genaue Art und Weise, wie diese bakteriellen Kulturen uns nützen, ist dabei noch nicht vollständig geklärt. Man weiß jedoch, dass sie Fettsäuren produzieren, die auf unsere Darmzotten wie ein massierender Balsam wirken. Unsere Darmzotten werden dadurch größer und stabiler und können einerseits mehr Vitalstoffe aus der Nahrung aufnehmen und andererseits mehr Schadstoffe abwehren. Probiotika wirken außerdem deswegen so gut, weil sie ihre Heimat – die Darmflora – verteidigen. Sie sind geschickt darin, sich auszubreiten und schlechten Bakterien den Platz wegzunehmen, damit diese sich nicht festsetzen können. Und sie produzieren Abwehrstoffe wie beispielsweise bestimmte Säuren, die schlechte Bakterien vertreiben. Sie sind Meister darin, den schlechten Bakterien das Essen vor der Nase wegzuessen. In Zusammenarbeit mit unserem Immunsystem sind Probiotika außerdem Experten in Bakterienangelegenheiten. Sie studieren die schlechten Bakterien und liefern uns alle notwendigen Informationen, wie diese am besten bekämpft werden können: Welche Abwehrstoffe werden in welcher Menge benötigt? Welche Plätze müssen besetzt werden? Wie viel Schutzschleim muss produziert werden? Zugeführte lebende Bakterien werden nicht feste Mitglieder der bestehenden Darmflora. Sie können aber für eine kurze Zeit die dominante Population bilden. Da Bakterien sehr anpassungsfähig sind und mit ihrer Umgebung – also mit unserem Verdauungstrakt – interagieren, beeinflussen sie diese auch.

Tipp:

Probiotika sollten regelmäßig auf deinem Menüplan stehen. Sie kommen, machen ihre Arbeit und verschwinden dann wieder, weil sie einfach nur auf der Durchreise sind oder sich zuerst einen festen Platz in deinem Darm gesichert haben, nach einer Zeit aber wieder absterben.

Natürliche vs. industriell hergestellte Probiotika

Probiotika gibt es in Form von Kapseln zum Einnehmen als Medikament. Sie können auch bestimmten Lebensmitteln zugesetzt werden, wie z. B. einem probiotischen Joghurt, welchem man im Herstellungsprozess Bakterien zugesetzt hat, die nachweislich einen gesundheitlichen Vorteil haben. Es gibt aber auch natürlich vorkommende Probiotika in Lebensmitteln. Diese findet man in fermentierten, nicht pasteurisierten Lebensmitteln. Im Handel müssen Lebensmittel meist pasteurisiert werden, wodurch die lebenden Kulturen zerstört werden. Um die Vorteile der Lebendkulturen zu erhalten, muss man diese Lebensmittel unpasteurisiert kaufen oder selbst herstellen.

Ob die natürlich vorkommenden Bakterien in fermentierten Lebensmitteln den gleichen positiven gesundheitlichen Nutzen haben wie spezifische Probiotika, wird heiß diskutiert und wurde noch nicht ausreichend erforscht. Zu bedenken ist, dass Forschungen an natürlich fermentierten Lebensmitteln seltener

Persönliche Erfahrung

Fermente sind ein wichtiger Teil meiner persönlichen Wohlfühlapotheke. Besonders wenn ich auf Reisen bin, merke ich den Unterschied und kann es nicht mehr erwarten, endlich wieder nach Hause zu kommen, meinen Kühlschrank zu öffnen und mich mit meinen lebendigen Fermenten zu stärken.

von Firmen gesponsert werden. Es konnte jedoch nachgewiesen werden, dass die Zufuhr von verschiedenen natürlichen fermentierten Lebensmitteln eine positive Wirkung auf den allgemeinen Gesundheitszustand hat. Es gibt auch die Meinung, dass natürlich fermentierte Lebensmittel mehr probiotische Kulturen enthalten als vergleichbare Nahrungsergänzungsmittel. Wichtig ist die Vielfalt an lebenden Bakterien und pflanzlichen Rohstoffen. Abwechslung ist das Ziel!

Präbiotika

Präbiotika kommt von „Pre bios" und steht für „vor dem Leben". Sie sind die Nahrung für die guten probiotischen Bakterien im Darm, damit diese besser wachsen als die schlechten Bakterien. Ein Nahrungsmittel kann jedoch nur Futter für die Bakterien in unserem Dickdarm werden, wenn es den Weg bis dorthin schafft und nicht schon vorher von unserem Körper aufgenommen wird. Es sind die Ballaststoffe, die das können. Ballaststoffe können nur von den guten Bakterien im Darm gegessen werden, fördern diese und schwächen gleichzeitig die schlechten Bakterien. Voraussetzung ist, dass ausreichend gute Bakterien (=Probiotika) vorhanden sind.

Tipp:

Siedle gute Bakterien mit lebendigen Fermenten im Darm an und füttere sie regelmäßig mit Ballaststoffen aus frischem Obst, Gemüse, Vollkornprodukten und Hülsenfrüchten.

Ballaststoffe sind mehr als nur Präbiotika.

Ein Erwachsener soll pro Tag 30 g Ballaststoffe zu sich nehmen. Diese sind nicht nur als Präbiotika von Vorteil für uns, sondern haben auch viele weitere Funktionen. Sie erhöhen das Volumen eines Lebensmittels, was zu einer erhöhten Kautätigkeit, Speichel- und Magensaftsekretion und Darmperistaltik führt. Die

Fermente als natürliche Probiotika

Vorteile

Natürliche Fermente enthalten mehr probiotische Bakterien, die noch dazu viel aktiver und vielfältiger sind als solche in industriell hergestellten Kapseln. Sie unterstützen sich gegenseitig und leben in Symbiose in Kombination mit anderen wohltuenden Substanzen, deren Wechselwirkungen zum Teil noch unbekannt sind. Behandelt man seine Fermente gut, bekommt man eine natürliche Vielfalt, die gut aufeinander abgestimmt ist. Sie schmecken auch viel besser als Kapseln und sind kostengünstiger.

Nachteile:

Ihre genaue Zusammensetzung wurde nicht im Labor untersucht. Man weiß nicht genau, wie viele und welche probiotischen Bakterien enthalten sind. Für die Behandlung von bestimmten Krankheitssymptomen muss man erst lange probieren, bis man zu dem gewünschten Ergebnis kommt.

Industriell hergestellte Probiotika

Vorteile

Sie sind einfach und praktisch auf Reisen und man kann sie gezielt für bestimmte Krankheiten einsetzen, weil ihre Zusammensetzung und Wirkung erforscht wurde.

Nachteile:

Probiotische Bakterien sind lebendig und ergänzen sich gegenseitig. Nimmt man sie aus ihrem Zuhause, verarbeitet sie zu Pulver und sperrt sie in Kapseln, kann es sein, dass sie ihre Aufgabe nicht mehr so gut oder gar nicht mehr erfüllen können. Sie sind weniger aktiv, es fehlt ihnen ihre natürliche Matrix, ihre Familie und Freunde, mit denen sie zusammenarbeiten, und sie können mengenmäßig nicht mit Fermenten mithalten. Auch ihre Artenvielfalt lässt zu wünschen übrig.

Transitzeit im Dickdarm verkürzt sich und die Verdauung wird geregelt. Ballaststoffe erhöhen die Nährstoffdichte und senken gleichzeitig die Energiedichte. Sie verlängern die Verweildauer des Nahrungsbreis im Magen, was zu einer verlängerten Sättigung führt. Außerdem binden sie Giftstoffe und Gallensäure und scheiden diese aus. Gallensäure muss aus Cholesterin neu gebildet werden, wodurch der Blutcholesterinspiegel sinkt.

Da Ballaststoffe nicht in Weißmehl, Zucker und Fett zu finden sind, braucht es eine vollwertige Ernährung, damit der Referenzwert von 30 g Ballaststoffen/Tag erreicht werden kann. Vollwertig bedeutet ausreichend Obst, Gemüse und Vollkornprodukte. Die Ballaststoffe stecken in der Schale und Zellulose von pflanzlichen Lebensmitteln. Sie sind sozusagen deren „Verpackung". Zu beachten ist, dass bei einer ballaststoffreichen Kost immer auch genug Flüssigkeit zugeführt wird, da Ballaststoffe auch Wasser binden und dieses ansonsten dem Körper entzogen wird.

Bei einer ballaststoffarmen Ernährung hungert man die guten Bakterien auf Dauer aus und begünstigt das Wachstum unliebsamer Darm-Bewohner. Die Folgen zeigen sich nicht akut wie eine Krankheit, können aber die Lebensqualität auf Dauer stark einschränken und langfristig sogar zu ernsten Leiden ausarten. Sie zeigen sich beispielsweise in einer gestörten Verdauung, erhöhten Infektanfälligkeit, Müdigkeit, Antriebslosigkeit oder einem schlechten Hautbild.

Tipp:

Wenn du das Gefühl hast, Ballaststoffe nicht zu vertragen und Bauchschmerzen und Blähungen von Vollkornprodukten oder Hülsenfrüchten bekommst, kann es daran liegen, dass du deine Darmbewohner bisher mit einer ballaststoffarmen Ernährung zu sehr verwöhnt hast. Sie hatten nicht viel zu tun und hingen nur faul herum. Kommt dann plötzlich eine Menge Arbeit mit den Ballaststoffen auf sie zu, sind sie beim ersten Mal überfordert. Das kann zu Bauchschmerzen und Blähungen führen. Die gute Nachricht ist, dass du deine Darmbewohner trainieren kannst wie jeden anderen Muskel auch. Fange mit kleinen Mengen an, trinke genug Wasser dazu und steigere dann langsam. Dein Körper würde es ja auch nicht schaffen, ohne Training einen Marathon zu laufen.

Antibiotika

Antibiotika kommt von „Anti bios" und heißt „gegen das Leben". Antibiotika unterscheiden nicht zwischen „guten" und „bösen" Bakterien, sondern töten alle Bakterien ab. Sie sind damit die beste Waffe gegen gefährliche Bakterien und die gefährlichste Waffe gegen die besten Bakterien. Oft werden Antibiotika gegen Viren eingesetzt und vom Arzt verschrieben. Da sie aber Viren nicht bekämpfen, schadet man sich in diesem Fall mehr. Es werden nicht die Viren abgetötet, dafür aber viele hilfreiche Bakterien. Sind jedoch schlechte Bakterien, welche überhandnehmen, die Ursache für eine

Krankheit, ist die Behandlung mit Antibiotika sinnvoll und zielführend. Die Abtötung von Bakterien hat immer auch Nebenwirkungen, da sie die Darmflora verändert. Die Vielfalt der Bakterien nimmt ab und es können sich deren Fähigkeiten verändern. Es ist sogar möglich, dass sich die Darmflora dauerhaft verändert.

Antibiotika-Resistenzen

Bakterien lernen schnell mit neuen Stoffen umzugehen, passen sich an und entwickeln Resistenzen gegen Antibiotika. Je mehr Resistenzen sie entwickeln, desto weniger helfen Antibiotika.

Michael Pollan schreibt im Vorwort des Buches „Die Kunst des Fermentierens" von Sandor Ellix Katz dazu:
„Die verschwenderische Einnahme von Antibiotika hat resistente Bakterien hervorgebracht, die so tödlich sind wie alle, die wir bereits unschädlich machen konnten. Diese Medikamente sowie eine Ernährung, die sowohl zu wenig Bakterien als auch zu wenig Nahrung für Bakterien (Ballaststoffe) liefert, stören die mikrobielle Ökologie in unserem Darm auf eine Art, die wir gerade erst zu verstehen beginnen und die viele unserer gesundheitlichen Probleme erklären kann."

Antibiotika sind in vielen Krankheitsfällen sehr wichtig und können unser Leben retten. Aber nur dann, wenn sie wirken und wir noch keine Resistenzen gegen sie gebildet haben.

Tipp:
Hinterfrage immer, wann welche Antibiotika wirklich notwendig sind. Mit vielen guten Bakterien im Darm, für die du regelmäßig mit Hilfe von lebendigen Fermenten in deinem Alltag sorgst, kommt es bestenfalls gar nicht zu dieser Notwendigkeit.

Antibiotika in der Lebensmittelproduktion

Nicht zu unterschätzen ist auch der Effekt, der sich durch den Einsatz von Antibiotika in der Lebensmittelproduktion ergibt. Antibiotische Stoffe, die für Resistenzen sorgen, findet man nicht nur im Fleisch eines Tieres, an welches sie verfüttert werden, sondern sie gelangen durch die Ausscheidungen des Tieres auch in die Umwelt, wo sich die Bakterien im Schnellverfahren dagegen rüsten können und die Informationen an ihre Artgenossen weitergeben und verbreiten. Die Bakterien sind bei ihrer Forschung und Entwicklung um einiges schneller als wir Menschen bei der Entwicklung eines neuen antibiotischen Stoffes. Das haben auch die Pharma-Unternehmen erkannt und beenden zunehmend ihre Forschung an der Entwicklung von neuen Antibiotika. Die Entwicklungskosten dafür sind zu hoch und mit den rasant zunehmenden Resistenzen können sie nicht mithalten. Das Geschäft mit Antibiotika wird damit unrentabel. Was das für unsere Zukunft bedeutet, darf sich jeder selbst ausmalen.

Kopf und Bauch sprechen sich ab

Unser Gehirn macht insgesamt nur etwa 2 % unserer gesamten Körpermasse aus. Es verbraucht jedoch 20 % unserer Gesamtenergie. Dabei ist es auf Kohlenhydrate angewiesen. Es besteht aus einzelnen Nervenzellen, die auch Neuronen genannt werden, und hat viele Aufgaben. Beispielsweise reguliert es unser autonomes Nervensystem, welches automatisch unsere Verdauung, unsere Atmung oder unseren Herzschlag steuert. Es steuert auch unser sympathisches und parasympathisches Nervensystem.
Damit haben wir die Fähigkeit, auf Hochtouren zu kommen und Herausforderungen zu bewältigen (sympathisches Nervensystem) und uns dann wieder entspannen zu können (parasympathisches Nervensystem). Diese Systeme werden vom Gehirn mit Hilfe von Drüsen gesteuert, die Hypothalamus und Hypophyse heißen. Der unbewusste Teil unseres Gehirns wird von der sogenannten Amygdala gesteuert. Durch sie können wir auf Gefahren reagieren, bevor wir sie bewusst wahrnehmen. Gefühle werden vom limbischen System wahrgenommen, welches im ganzen Gehirn aktiv ist. Bewusste Entscheidungen treffen wir über unsere Gehirnrinde. Dieser Teil des Gehirns sitzt unmittelbar hinter der Stirn. Nur wenn die Nervenzellen in unserem Gehirn gut zusammenarbeiten und miteinander kommunizieren, können Gefühle und Gedanken gut verarbeitet werden und wir die richtigen Entscheidungen treffen.

Woher kommen unsere Gefühle?

Das „Bauchgefühl" kommt genauer gesagt aus dem Darm. Man nennt ihn auch das zweite Gehirn. Die Mikroben in unserem Darm spielen eine große Rolle dabei, ob wir glücklich oder traurig sind und wie wir die Welt sehen. Viele psychische Erkrankungen wie Depressionen sind meist auch begleitet von einem Reizdarmsyndrom oder einer Gewichtszunahme. Es ist daher notwendig, unseren Körper nicht als Ansammlung einzelner Teile zu sehen, sondern als Ökosystem, in welchem jedes Element alle anderen Teile beeinflusst und alle Teile miteinander verbunden sind. Körperliche Probleme dürfen nicht von seelischen Problemen getrennt gesehen werden. Ein gestörtes Mikrobiom hat auch Auswirkungen auf unsere fundamentale, menschliche Willenskraft, die die Grundlage für unsere Handlungen und unser Lebensziel ist. Dass der Darm Einfluss auf unsere Gefühle nimmt, ist heute unumstritten. Es herrscht sogar die Annahme, dass Gefühle in unserem Darm entstehen. Mikroben können also Verursacher für psychische Erkrankungen sein.

Das „Bauchgefühl" kommt genauer gesagt aus dem Darm.

Dem Gehirn können wir bestimmte Dinge „einreden". Bei unserem Darm, dem zweiten Gehirn, funktioniert das nicht. Ein unangenehmes Bauchgefühl, welches aus Wut oder Traurigkeit entsteht, lässt sich nicht einfach durch gutes Zureden beeinflussen. Der Darm ist damit der Sitz unserer urmenschlichen Emotionen, die wir tief in uns spüren. Entscheidungen „aus dem Bauch heraus“ sind sehr wichtig für uns. Damit diese Entscheidungen auch wirklich gut sind, brauchen wir einen gut funktionierenden Darm.

Über unseren Darm verdauen wir nicht nur unser Essen, sondern unser ganzes Leben. Alles was wir über unsere Sinnesorgane aufnehmen, hat Einfluss auf unseren Darm, egal ob wir etwas schmecken, riechen, sehen, hören oder fühlen. Auch wenn wir bestimmte Erfahrungen aus unserem Bewusstsein verdrängen, unser Darm speichert sie im Unterbewusstsein und macht uns dadurch zu dem, was wir sind und fühlen. Um diese Menge an Informationen verarbeiten zu können, enthält unser Darm, wie auch unser Gehirn, zahlreiche eigenständige Neuronen. Er verfügt damit über eine eigene Intelligenz. Es sind sogar mehr Neuronen im Darm als im Rückenmark. Die Darmneuronen sind Teil des enterischen Nervensystems, das sich von der Speiseröhre bis zum After erstreckt. Das enterische Nervensystem ist so eigenständig, dass es unabhängig vom zentralen Nervensystem arbeiten kann. Deshalb können selbst Menschen mit gelähmten Gliedmaßen schlucken und verdauen. Meist arbeitet das enterische Nervensystem jedoch nicht alleine, sondern kommuniziert mit dem Gehirn mit Hilfe von chemischen Substanzen und Hormonen. Auch das Gehirn sendet Signale an den Darm. Ein Beispiel dafür: Der Darm kann die Information „Ich bin hungrig“ an das Gehirn senden, wenn er Nährstoffe braucht. Andererseits kann das Gehirn den Darm hungrig machen, wenn es leckeres Essen sieht oder daran denkt.

Tipp:

Du entscheidest nicht nur darüber, was du isst, sondern auch darüber, was du dir ansiehst, anhörst, berührst und woran du riechst. Sei dir bewusst, dass du damit steuern kannst, wie du dich fühlst. Beobachte dich, was dich zum Lachen bringt oder gute Gefühle in dir weckt, und lenke deine Aufmerksamkeit darauf. Ist es ein bestimmter Film? Musik? Die Stimme eines Freundes? Ein bestimmter Duft? Das Rauschen des Meeres? Ein bestimmter Geschmack?

Wie kommunizieren Kopf und Bauch miteinander?

Über den Vagus-Nerv, der sich durch unseren ganzen Körper vom Kopf bis zu unserem Bauch verzweigt, kommunizieren Kopf und Darm miteinander. Das funktioniert mit Stoffwechselprodukten, die unsere Mikroben im Darm produzieren und über den Vagus-Nerv an unser Gehirn senden.

Der Darm ist dabei vergleichbar mit einem Chefberater, der sagt, WAS zu erledigen ist. Er überwacht die Körperfunktionen, ob genügend Nährstoffe vorhanden sind oder ob es Zeit zum Ausruhen ist. Und er zeigt dem Gehirn auf, was die tatsächlichen Bedürfnisse des Körpers sind. Betritt beispielsweise ein wütender Mensch den Raum, reagiert der Darm mit: „Ich mag diesen Kerl nicht. Er sieht gefährlich aus. Wir müssen gegen ihn kämpfen oder fliehen." Oder: „Oooh, der sieht aber gut aus, lass ihn nicht aus den Augen." Wie diese Reaktion des Mikrobioms aussieht, wird von allen bisherigen Erfahrungen beeinflusst, auch von denen in der Kindheit. Alles was geschieht, beeinflusst den Darm und der Darm spricht darüber mit dem Gehirn. Das Gehirn entscheidet dann, WIE ein Job erledigt wird. Daher beginnen auch die meisten dieser Gespräche im Darm.

90 % der Wege führen vom Darm in das Gehirn und nur 10 % kommen aus dem Gehirn und führen in den Darm.

Die Gehirnregion, die diese Botschaften erhält, ist nicht die, die für bewusstes, logisches und analytisches Denken zuständig ist. Es ist also nicht die Gehirnrinde hinter der Stirn. Zuerst empfangen die Amygdala und der Hypothalamus die Signale aus dem Darm. Die Amygdala stellt das Notfallsystem dar, das für schnelle, impulsive Reaktionen zuständig ist. Der Hypothalamus steuert die Stressreaktionen. Damit sichert unser Körper unser Überleben.

Für diese Kommunikation sind bestimmte Botenstoffe bzw. Neurotransmitter notwendig. Einige von ihnen sind:

SEROTONIN ist unser „Wohlfühl"-Hormon, das Lebhaftigkeit, Optimismus, Selbstvertrauen und Ruhe fördert. 95 % davon werden in unserem Darm produziert. Das schafft nur ein gesunder Darm, der eine Vielfalt an guten Mikroben besitzt.

DOPAMIN ist ein stimulierender Botenstoff. Er ist immer dann vorhanden, wenn wir Nervenkitzel verspüren, vor einer großen Herausforderung stehen, eine Belohnung bekommen oder uns verlieben.

GAMMA-AMINOBUTTERSÄURE (GABA) wird ausgeschüttet, wenn wir uns einer Herausforderung stellen oder Angst haben.

NORADRENALIN ist ein Stresshormon, das aktiv ist, wenn wir wach und konzentriert sind.

Für unser Wohlbefinden, unsere innere Ruhe, eine klare Sicht der Dinge, einen gesunden Schlaf-Wach-Rhythmus und eine gute Konzentration braucht unser Gehirn diese Stoffe in genau der richtigen Menge. Kommt es zu einem Ungleichgewicht dieser Botenstoffe, kann das zu Angstgefühlen und sogar Depressionen führen. Eine wichtige Rolle für unsere geistige Gesundheit spielen neben dem Darm mit seinen Bewohnern natürlich auch unsere Gehirnzellen selbst, die gesund sein müssen. Sie brauchen vor allem gesunde Fette. Gesunde Gehirnzellen erzeugen in Kombination mit den richtigen Botenstoffen eine elektromagnetische Strahlung in unserem Gehirn, die für ein gutes Gefühl in unserem gesamten Körper sorgt.

Tipp:

Versorge dein Gehirn immer mit guten Fettsäuren, damit die Nervenzellen geschmeidig bleiben und Signale gut verarbeiten können. Die guten Fette findest du vor allem in Nüssen und Samen. Gib ihnen einen Platz in deiner täglichen Ernährung. Ihre Fette lassen nicht dich fett werden, sondern schmieren deine Gehirnzellen.

Sie sind wie das Motoröl für dein Auto. Füllst du es nicht regel-mäßig nach, geht dein Auto kaputt. Dasselbe passiert mit deinem Körper. Er ist auf die Zufuhr dieser Fette angewiesen und kann sie nicht selbst herstellen.

Entzündungen und Alarmsignale aus dem Darm beeinflussen unseren gesamten Körper

Entzündungen, Allergien und mikrobielle Fehlbesiedelungen in unserem Darm lösen Entzündungssignale an das Gehirn aus, welches diese Signale an andere Organe im Körper weiterleitet. Damit hat der Darm nicht nur Auswirkungen auf unser Gehirn, sondern auf unseren gesamten Körper. Auch wenn der Darm ständig Alarmsignale an das Gehirn sendet wie „Nicht genug Eiweiß!“ oder „Dieser Ort fühlt sich nicht gut an“, drohen Entzündungen mit all ihren gefährlichen Auswirkungen. Sendet jedoch der Darm hauptsächlich positive Botschaften wie „Wir bekommen alle B-Vitamine, die wir brauchen!“ oder „Wir hatten eben ein großartiges Gespräch mit dem besten Freund der Welt!“, erfreut sich das Gehirn und damit unser gesamter Körper guter Gesundheit.

Mikroben steuern unser Verlangen nach Süßem

Wenn man beispielsweise zu viele Bakterien in seinem Darm beheimatet, die sich von Zucker ernähren, lösen diese auch das Verlangen nach Süßem aus. Das kann auf direktem Weg passieren in Form von Heißhungerattacken, muss es aber nicht. Es kann auch sein, dass die Bakterien ein Gefühl auslösen, bei welchem du zu den von ihnen gewünschten Nahrungsmitteln greifst. So können diese Bakterien dafür sorgen, dass du dich schlecht fühlst, weil sie wissen, dass du dann zu Schokolade greifst. Sie erzeugen dafür einfach die notwendigen Botenstoffe, damit sie den von ihnen benötigten Zucker bekommen, dadurch groß und stark werden und sich vermehren können. Daraus kann ein Teufelskreis entstehen.

Tipp:

Erziehe deine Darmbewohner. Je mehr gesunde und lebendige Nahrung du in deinem täglichen Speiseplan einbaust, desto mehr werden deine Sinne nach gesundem Essen mit vielen Vitalstoffen, guten Säuren und Ballaststoffen verlangen. Dafür werden deine Mikroben im Darm sorgen. Du hast es in der Hand, welche Mikroben du beheimatest und wie du sie fütterst. Mikroben, die gerne leeren, weißen Zucker oder Weißmehl fressen, sind nicht gut für deine Gesundheit und lösen ein Unwohlsein in deinem gesamten Körper aus.

Stress ist ein wichtiges Besprechungsthema zwischen Kopf und Bauch

Einer der wichtigsten Reize, den das Gehirn mit dem Darm bespricht, ist Stress. Steht das Gehirn unter Stress, verlangt es vom Darm seine Energie einzusparen. Dieser fährt seine Durchblutung herunter und produziert weniger Schleimstoffe. Wird diese Ausnahmesituation zur Dauerlösung, reagiert auch der Darm und sendet Signale an das Gehirn, welche zu Abgeschlagenheit, Appetitlosigkeit, generellem Unwohlsein oder Durchfall führen können. Es kommt dabei zu veränderten Bedingungen im Darm, bei welchen andere Bakterien überleben als zu entspannten Zeiten. Es verbreiten sich Bakterien, die mit den schlechteren Bedingungen besser zurechtkommen, und schaffen schlechte Stimmung. Es ist wichtig, Mahlzeiten in Ruhe und ohne Stresssituationen einzunehmen. Stressige Diskussionen beim Essen können zu einem schlechten Wetter in unserem Darm und den damit verbundenen Folgen wie Bauchschmerzen und Blähungen führen. Da kann das Essen noch so gesund sein.

Bei einer gesunden Ernährung geht es nicht nur darum, was man isst, sondern auch wie man es isst, welche Haltung und welche Wertschätzung man gegenüber dem Essen hat, ob man in Begleitung von Stress, Ärger und Sorgen isst und wie viel Zeit man sich dafür nimmt. Das spielt sogar eine so große Rolle, dass uns ein Stück Torte, welches wir mit allen Sinnen genießen, besser bekommt, als ein Salat, den wir unter Stress nebenbei essen. Die guten Nährstoffe aus dem Salat können wir unter Stress nicht gut aufnehmen. Wenn es uns gelingt, gesundes Essen mit allen Sinnen zu genießen, können wir uns auf allen Ebenen ernähren. Mit Zeit und Liebe zubereitete, gut schmeckende Fermente helfen dir dabei.

Tipp:

Kein Stress beim Essen! Der Essplatz sollte ein Ort zum Entspannen sein. Ärger, Sorgen, Streitgespräche und Diskussionen beim Essen können Bauchschmerzen verursachen. Vielleicht wird deine Essenszeit ja sogar zu deiner täglichen Meditation? Wichtig ist, dass du nicht nebenbei isst. Genieße deine Mahlzeit mit allen Sinnen und packe aufkommende Gedanken in Wolken, die später wieder da sein dürfen.

Eine Übung für deinen Alltag:

Bevor du mit dem Essen beginnst, schließe kurz deine Augen und atme drei Mal tief ein und aus. Du sendest deinem Körper damit ein Signal, dass er sich entspannen kann und in den Modus für eine gute Verdauung gelangt. Lege deine Sorgen und deinen Stress beim Essen zur Seite. Denke an etwas Schönes, das dich zur Ruhe bringt, und vermeide anregende Diskussionen und Vorwürfe beim Essen, die zu Flucht- und Kampfgedanken führen. Sie bringen unseren Körper in den falschen Modus und wir können unser Essen nicht gut verdauen. Da kann das Essen noch so gesund und nahrhaft sein. Wenn wir die Nährstoffe nicht aufnehmen können, weil unser Körper nicht bereit dafür ist, scheiden wir sie einfach wieder aus oder sie gelangen unverdaut in den Darm, wo sie Probleme verursachen.

Bessere Verträglichkeit

Fermentation kann Gifte, Antinährstoffe und andere schwer verdauliche Stoffe aus Lebensmitteln abbauen oder aufspalten und sie in manchen Fällen sogar in Nährstoffe umwandeln. Beispielsweise werden durch den Fermentationsprozess natürlich vorkommende Nitrate, Oxalsäuren und Pestizidrückstände in Gemüse abgebaut. Es gibt sogar Bakterien, die Plastik oder Erdöl aus dem Meer fressen.

Gute Mikroben verdauen Lebensmittel für uns vor, damit sie bekömmlicher werden.

Was sind Antinährstoffe?

Antinährstoffe sind Stoffe, die eine Pflanze davor schützen, gegessen zu werden. Das Ziel eines Samenkorns ist es, zu keimen und zu einer neuen Pflanze zu wachsen. Wenn es von einem Lebewesen gefressen wird, möchte es bestenfalls funktionstüchtig mit all seinen Nährstoffen, die es gut durch eine Hülle schützt, durch den Verdauungstrakt kommen und mit Humus auf der Erde landen, um dort neu entstehen zu können. Da eine Pflanze nicht davonlaufen kann oder sich durch Lärm schützen kann, hat ihr die Natur Antinährstoffe geschenkt, die ihr dabei helfen, zu überleben und sie vor Schädlingen schützen. Auch wir Menschen sind Schädlinge für die Pflanze, vor welchen sie sich schützen möchte. Ihre Abwehrstoffe sorgen daher auch in unserem Körper für Probleme bei der Verdauung, indem sie beispielsweise Mineralstoffe an sich binden.

Phytinsäure in Hülsenfrüchten, Getreidesorten, Samen und Nüssen

Phytinsäure ist ein Antinährstoff, welcher Pflanzen wie Hülsenfrüchten, Getreidesorten, Samen und Nüssen als Speicher für Mineralstoffe dient, die diese für ihre spätere Keimung und ihr Wachstum benötigen. Solange die Mineralstoffe durch die Phytinsäure geschützt sind, stehen sie für unseren Körper nicht zur Verfügung. Wir können diesen Antinährstoff durch das Phytase-Enzym abbauen, welches unser Körper produziert, und damit zu den guten Nährstoffen gelangen oder es helfen uns die Mikroben dabei. Bei der Fermentation wird auch die Phytase gebildet. Dadurch werden die Mineralstoffe von der Phytinsäure freigesetzt und können im Darm besser aufgenommen werden.

Das Gluten im Getreide

Gluten ist das Eiweiß im Getreide. Es eignet sich besonders gut für Backwaren, da es in Kombination mit Wasser ein dehnbares Gerüst bildet und Luftblasen im Teig einschließen kann. Auch in der veganen Ernährung ist es ein beliebter Eiweißlieferant, der auch als Seitan bekannt ist. Die Pflanze selbst benutzt dieses Eiweiß zur Abwehr von Schädlingen. Gluten hat viele Vorteile für die wirtschaftliche Produktion von Getreide, weswegen es in den Getreidesorten von heute gezielt vermehrt wurde. Mit einem höheren Anteil an Gluten im Getreide ist es weniger anfällig gegen Schädlinge, hat bessere Backeigenschaften und einen höheren Eiweißgehalt. Die heute gezüchteten Getreidesorten haben daher einen höheren Anteil an Gluten als ihre natürlichen Ursprungsformen. Für unseren Körper ist zu viel Gluten eine Belastung. Mikroben bauen es deswegen für uns ab, wenn wir ihnen die dafür notwendige Zeit und Liebe geben. Sieht man sich jedoch die Herstellungsprozesse von Brot heute genauer an, geht es genau in die andere Richtung. Es muss schnell gehen. Der Teig muss in kürzester Zeit luftig aufgehen. Die guten Mikroben können da nicht mithalten und das Gluten bleibt im Teig. Das Gluten an sich ist kein Problem, solange man nicht an einer Zöliakie leidet. Durch das Einwirken von uns Menschen in die natürlichen Prozesse haben wir ein Problem daraus gemacht. Wir schauen darauf, dass unser heutiges Getreide viel Gluten enthält, damit es robuster und damit rentabler ist. Wir geben den Mikroben nicht mehr die Zeit, damit sie es in Ruhe für uns abbauen können und wir essen es zu fast jeder Mahlzeit in Form von Nudeln, Pizza, Kuchen, Brot oder Gebäck im Überfluss. Damit fordern wir unseren Darm heraus und es darf uns nicht überraschen, wenn es zu einem Gluten-Streik in unserem Körper kommt.

Sauerteigbrot vs. Hefeteigbrot

Das Gluten in einem gut fermentierten Sauerteigbrot ist bis zu 90 % abgebaut. Dafür brauchen die Mikroben im Brotteig genug Zeit und Wärme, damit sie ihre Arbeit machen können, bevor sie gebacken werden. In den meisten industriell hergestellten Broten und Brötchen bekommen die Mikroben nicht ausreichend Zeit dafür, denn Zeit ist Geld. Darum werden dem Teig Hefen hinzugefügt, die darauf spezialisiert sind, sehr schnell und sicher Kohlendioxid zu produzieren, damit der Teig schnell aufgeht und gebacken werden kann. Diese Hefen stören den natürlichen Fermentationsprozess des Brotes und das Gluten kann nicht von den Mikroben abgebaut werden. Mit einer kleinen Menge Gluten kommt unser Körper gut zurecht, besonders dann, wenn wir vielen guten Mikroben in unserem Darm ein Zuhause schenken, die uns bei der Verdauung des Glutens helfen. Solange man keine Zöliakie hat, bei welcher schon die kleinste Menge Gluten zu Problemen im Darm führt, die nicht durch die Arbeit guter Mikroben behoben werden können, wird ein Stück gut fermentiertes Brot zu einem besonderen Genuss ohne lästige Folgen.

Tipp:

Achte bei deinem täglichen Brot darauf, dass es keine zugesetzte Hefe enthält. Bei einem reinen Sauerteigbrot kannst du sicher sein, dass der Teig genug Zeit bekommen hat und das Brot bekömmlicher ist.

Die Laktose in der Milch

Die Laktose ist der Zucker in der Milch. Er besteht aus zwei Komponenten, der Glukose und der Galaktose. Damit wir diesen Milchzucker ohne Probleme verdauen können, brauchen wir ein Enzym, welches diesen Zucker in seine Bestandteile aufspaltet. Das ist die Laktase. Im Normalfall wird sie von unserem Körper selbst produziert. Es kann aber sein, dass dieser aufgehört hat, Laktase zu produzieren, weil er es verlernt hat, es nie gelernt hat oder einfach zu streiken beginnt. Wenn das der Fall ist, wird die Laktose im Dünndarm nicht aufgespalten, kann nicht von uns aufgenommen werden und gelangt unverdaut in den Dickdarm. Dort stürzen sich Bakterien darauf, die für Bauchschmerzen und Blähungen sorgen können, wenn sie Laktose zum Essen bekommen. Man spricht von einer Laktoseunverträglichkeit. Wenn aber nun gute Mikroben genug Zeit bekommen und bereits die ganze Arbeit leisten und den Milchzucker für uns aufspalten, können auch Menschen mit Laktoseunverträglichkeit in den Genuss von gut fermentierten Milchprodukten wie Käse, Joghurt oder Milchkefir kommen, ohne es danach bereuen zu müssen. Es ist darauf zu achten, wie lange ein Milchprodukt fermentieren durfte. Ein Käse, der acht Monate reifen durfte, enthält keine Laktose mehr. Auch beim Joghurt macht es einen Unterschied, ob dieses nur vier Stunden fermentieren durfte, wie das beim industriellen Verfahren üblich ist, oder ganze zwölf Stunden Zeit bekommt, wie du das zuhause selbst machen kannst. Nicht nur, dass ein lang fermentiertes Joghurt weniger bis gar keine Laktose mehr enthält, es enthält auch mehr von der guten Milchsäure, wodurch es auch saurer schmeckt und die guten Milchsäurebakterien sich vervielfacht haben, die uns bei der Verdauung der Milch auch im Darm weiter unterstützen.

Essensvielfalt durch Fermentation

Fermentation ist einfach genial. Sie bringt uns eine viel größere Essensvielfalt. Und wer auch gerne, so wie

Meine Erfahrung

Viele gute, nährstoffreiche und regionale Gemüsesorten, die mir schmecken, habe ich früher gemieden, weil sie mir nach dem Verzehr Bauchschmerzen, Blähungen oder einfach einen lang anhaltenden schlechten Nachgeschmack im Mund hinterlassen haben. Dazu zählen Knoblauch, Zwiebeln, Radieschen, Rettich, Kraut oder Paprika. Ein bisschen Knoblauch im Salatdressing hat dazu geführt, dass ich nachts von dem intensiven Knoblauchgeschmack im Mund munter wurde und versucht habe, ihn mit Wasser zu verdrängen. Heute esse ich viel Knoblauch in fermentierter Form und schlafe bestens. Ich habe nach dem Knoblauchgenuss nicht das Gefühl, danach zu riechen. Auch alle anderen Gemüsesorten kann ich in fermentierter Form nun ohne schlechte Nachwehen genießen. Damit bekomme ich nicht nur viel mehr Geschmack in meinen Alltag mit regionalen Gemüsesorten, sondern auch eine größere Vielfalt an Nährstoffen, die mir helfen, gesund zu bleiben.

ich, seinen Gaumen jeden Tag mit allen möglichen Geschmacksnuancen und Konsistenzen verwöhnen und dabei seine Augen mit einer bunten Vielfalt auf dem Teller begeistern möchte, wird viel Freude mit Fermenten haben.

Tipp:

Baue viele verschiedene fermentierte Lebensmittel in deine tägliche Ernährung ein mit ausreichend Vitalstoffen, Pro- und Präbiotika. Damit gewinnst du eine große Vielfalt an guten Darmbakterien als Freunde, die dich nicht nur vor Krankheitserregern schützen, sondern dir auch ein gutes Gefühl geben. Sie stärken dich auf allen Ebenen und helfen dir, deine persönlichen Herausforderungen positiv zu sehen und mit all deinen Kräften zu meistern.

Besserer Geschmack

Mikroben produzieren nicht nur Vitalstoffe und bauen Antinährstoffe ab, sie sorgen auch für unvergessliche Geschmackserlebnisse. Neben dem milchsauren Geschmack sind es beispielsweise auch salzige Oliven oder intensiver Käse. Nicht jeder Käse ist fermentiert, aber jeder Käse mit starkem Geruch und Geschmack, jeder Hartkäse und schmelzender Weichkäse. Gerade beim Käse zeigen sich die vielfältigen Aromen, die durch die Fermentation möglich sind. Sie sind die Folge der arbeitenden Bakterien und Pilze. Auch das Brot wäre ohne Fermentierung nur ein klebriger Klotz. Die luftige, weiche Konsistenz im Inneren und die äußere Kruste des Brotes verdanken wir auch dem Fermentationsprozess. Auch beim Fleisch werden gute Aromen erzeugt, wie beispielsweise bei der Salami oder dem Prosciutto. Wer gerne Schokolade, Vanille, Kaffee, bestimmte Teesorten, Wein oder Bier mag, verdankt auch diese unwiderstehlichen Geschmäcker den Bakterien. Generell sorgt die Fermentation für Delikatessen und kulinarische Traditionen. Zum Einsatz kommt sie auch als Würzmittel, wie beispielsweise als Soja- oder Fischsauce aus dem asiatischen Raum oder Essig.

Weniger Salz im Alltag bringt gesundheitliche Vorteile

Durch die gute Säure, welche die Mikroben während des Fermentationsprozesses produzieren, die basisch auf unseren Körper wirkt und für das richtige Milieu für die guten Mikroben sorgt, schmeckt das Essen auch ohne oder mit der Zugabe von nur ganz wenig Salz. Die Salzmenge sollte bei maximal fünf bis sechs Gramm pro Tag liegen. Das ist nicht viel und bei einer herkömmlichen Ernährung schnell überschritten. Zu viel Salz wirkt sich negativ auf unseren Organismus aus. Mit steigendem Salzkonsum steigt auch der Blutdruck bei sensibleren Menschen leichter an, was zu einem erhöhten Risiko für Herz-Kreislauf-Erkrankungen führt. Zu viel Salz erhöht auch das Risiko, an Magenkrebs zu erkranken. Fermentierte Lebensmittel helfen mit ihrer natürlichen Säure, Salz im Alltag einzusparen.

Tipp:

Nimm Miso als Salzersatz. Miso ist eine fermentierte Würzpaste, die traditionell aus fermentierten Sojabohnen hergestellt wird. Es gibt sie auch auf Basis von anderen Hülsenfrüchten oder Getreidesorten. Miso wirkt aufgrund des enthaltenen Sojaproteins sogar blutdrucksenkend und wirkt Magenkrebs entgegen durch die enthaltenen sekundären Pflanzenstoffe. Diese guten Stoffe werden durch die Fermentation noch stärker wirksam. Auch Sojasauce eignet sich sehr gut als Salzersatz. Sie sorgt mit ihren organischen Säuren dafür, dass wir den Mineralstoff Eisen besser aufnehmen können, der vor allem bei einer rein pflanzlichen Ernährung ein kritischer Nährstoff ist, auf den man achten sollte.

Trainiere deinen Geschmackssinn!

Fermentierte Lebensmittel werden oft mit verdorbenem, nicht mehr genießbarem Essen assoziiert. Zwischen frisch und verdorben gibt es einen Spielraum für unterschiedliche Geschmäcker, die jeder anders empfindet. Über Geschmack lässt sich bekanntlich nicht streiten. Was schmeckt und was nicht, hängt auch davon ab, mit welchen Geschmäckern, Nahrungsmitteln und Wertvorgaben man aufgewachsen ist. Am nördlichen Polarkreis ist es üblich, Fisch für Monate anzuhäufen oder in der Erde zu vergraben, um Vorräte für den Winter zu haben. Lernt man diesen Fisch erst als Erwachsener kennen, riecht er verdorben. Die größte kulinarische Leistung der einen Kultur kann zum Albtraum einer anderen werden. Die Grenze zwischen fermentiert und verdorben ist unscharf, sehr subjektiv und von unserer Kultur bestimmt. Ein Gespür dafür zu entwickeln, was essbar ist und was nicht, ist jedoch lebenswichtig. Geschmäcker, die zwischen frisch und verdorben sind, müssen wir oft erst lernen und uns daran gewöhnen. Merkt unser Körper, dass ihm bestimmte Geschmäcker guttun und helfen, gesund zu bleiben, können diese Geschmäcker zu einer Leidenschaft werden. Die natürliche Säure, die unser Körper von Früchten oder guten Bakterien kennt, können wir bewusst fördern, indem wir dieses spezielle „Sauer“, so wie es in fermentierten Lebensmitteln vorkommt, immer öfter essen und dadurch einen gesunden Appetit darauf entwickeln.

Vertraue deinem Geschmackssinn!

Unsere Sinne helfen uns zu überleben. Bevor es mit Etiketten gekennzeichnete und verpackte Lebensmittel gegeben hat, die mit chemischen Zusatzstoffen haltbar gemacht werden, welche uns unsere Sinne rauben, vertrauten wir auf unseren Geschmackssinn. Er war so gut trainiert, dass er unser Überleben sicherte. Schmeckte etwas süß-sauer – wie das bei reifen Früchten der Fall ist – wussten wir, dass wir unseren Körper mit guten Nährstoffen versorgen, und es schmeckte uns gut. Heute verlassen wir uns lieber auf Etiketten als auf unsere eigenen Sinne. Oft kommen Lebensmittel in den Müll, bevor das Mindesthaltbarkeitsdatum abgelaufen ist. Sie werden nicht einmal mehr probiert, da man „auf Nummer Sicher“ gehen möchte. Es ist auch schwierig, auf den Geschmackssinn zu vertrauen, wenn man ihn nie trainiert, unachtsam und schnell isst und das Lebensmittel mit chemischen Geschmacksverstärkern und anderen Stoffen für eine bessere Haltbarkeit versetzt ist. Dabei braucht ein guter Geschmack keine chemischen Zusatzstoffe. Guter Geschmack braucht nur gute Mikroben und deine Sinne.

Tipp:

Übung macht den Meister! Je öfter du fermentierst, desto mehr Gefühl bekommst du für den Fermentationsprozess und kannst dessen Geschmack und Wirkung auf deinen eigenen Körper einschätzen. Das ist eine einfache, vorbeugende und kostengünstige Methode, um deinen Körper mit viel gutem Geschmack ohne künstliche Zusatzstoffe gesund zu halten.

Fermentation ist nachhaltig!

Sie braucht keinen Strom, keinen Transport und kein Plastik!

Nicht zu unterschätzen ist der energietechnische Nutzen der Fermentation. Viele Lebensmittel müssen gekühlt werden, damit sie eine gewisse Haltbarkeitsdauer vorweisen können. Kühlungen sind in der heutigen Zeit selbstverständlich. Sie kosten viel Energie und waren bis vor Kurzem nicht für die breite Gesellschaft leistbar. Ohne Strom würden fermentierte Lebensmittel wieder eine höhere Bedeutung bekommen. Sie können ohne Kühlung gelagert werden. Damit kann wertvolle Energie gespart werden. Außerdem müssen fermentierte Lebensmittel nicht mehr oder weniger lang gekocht und erhitzt werden, damit sie für uns Menschen genießbar werden. Diese Arbeit erledigen die Mikroben. Dadurch kann Energie gespart werden. Kühlschränke helfen natürlich, die Fermente für lange Zeit in der gewünschten Konsistenz und dem richtigen Geschmack aufbewahren zu können, da die Mikroben in „Winterschlaf" gehen, damit weniger aktiv sind und das Ferment viel langsamer verändern. Für die reine Versorgung ist ein Kühlschrank jedoch nicht unbedingt notwendig. Man bedenke auch, dass das Augenmerk in der heutigen Bauweise von Häusern immer weniger in der Vorratshaltung und damit in der Ausstattung eines kühlen Kellers liegt, der als Vorratsraum über den Winter genutzt werden kann. Dafür ist es uns heute wichtig, ein ganzes Jahr über im gesamten Haus eine konstante Temperatur zu erreichen. Es gibt keine kühleren Räume mehr, die der stromlosen Vorratshaltung dienen. Es macht daher Sinn, einen Kühlschrank in der Küche zu haben. Wenn es keinen Strom mehr gäbe, wäre es auch nicht mehr möglich, gesamte Häuser über den ganzen Winter zu temperieren, womit wieder gute Lagerbedingungen für Fermente geschaffen werden, die keinen Strom benötigen.

Meine Mutter erzählt gerne von früher: *„In den Schlafräumen wuchsen die Eisblumen im Winter auf der Fensterinnenseite, so kalt war es. Im Ofen aufgewärmte Ziegel spendeten uns Wärme, wenn wir abends unter unsere Decken schlüpften."*

Fermentation braucht keinen Transport

Neben der Einsparung von Strom für die Kühlung können auch fossile Ressourcen für den Transport eingespart werden. Alles was rund um uns in der Natur wächst, können wir mit Hilfe von guten Mikroben haltbar machen, sodass wir in der kalten Jahreszeit genug zu essen haben. Lebensmittel müssen dafür nicht um die Erdkugel transportiert werden. Sie wachsen vor unserer Nase und warten nur darauf, von uns wertgeschätzt zu werden.

Fermentation braucht kein Plastik

Hat man sich einmal mit dem notwendigen Werkzeug und den Gefäßen für die Fermentation ausgerüstet, kann man diese immer wieder verwenden. Dadurch erzeugt man keinen Müll und braucht kein Plastik.

Die Fermentation macht es uns möglich, dass wir – mit Hilfe unzähliger Mikroben, die einfach da sind – uns über das ganze Jahr von dem versorgen können, was uns die Natur bietet. Dafür braucht es keinen Strom, keinen Transport und kein Plastik.

Wir können uns Werkzeuge und Materialien besorgen, die wir immer wieder verwenden. Wir können uns das dafür notwendige Wissen und die Fähigkeiten aneignen. Wir können uns gegenseitig unterstützen und austauschen und damit unsere Gemeinschaft fördern. Und all das können wir unseren Kindern zeigen und ihnen die Werte dafür vermitteln. Das macht uns unabhängig. Je mehr wir auf globale Handelsketten angewiesen sind, desto stärker können Naturkatastrophen und andere Katastrophen wie beispielsweise Krieg oder Terror unser Leben beeinflussen. Wenn wir uns auf eine regionale, gemeinschaftliche Versorgung konzentrieren, bekommen wir nicht nur frischere und nahrhaftere Lebensmittel, wir schaffen auch Arbeitsplätze in der Region und achten besser auf unsere wertvollen Ressourcen, so wie das bei der Ernährungssouveränität der Fall ist.

Fermentation hilft uns, eine aktivere Rolle in der eigenen Versorgung, Gesundheit, Gesellschaft und Natur zu übernehmen.

Fermentation unterstützt die Ernährungssouveränität!

„Ernährungssouveränität ist das Recht der Völker auf gesunde und kulturell angepasste Nahrung, nachhaltig und unter Achtung der Umwelt hergestellt. Sie ist das Recht auf Schutz vor schädlicher Ernährung. Sie ist das Recht der Bevölkerung, ihre Ernährung und Landwirtschaft selbst zu bestimmen. Ernährungssouveränität stellt die Menschen, die Lebensmittel erzeugen, verteilen und konsumieren, ins Zentrum der Nahrungsmittelsysteme, nicht die Interessen der Märkte und der transnationalen Konzerne. Sie verteidigt das Wohlergehen kommender Generationen und bezieht sie ein in unser vorsorgendes Denken. Sie ist eine Strategie des Widerstandes und der Zerschlagung derzeitiger Handels- und Produktionssysteme, die in den Händen multinationaler Konzerne liegen. Die Produzierenden sollen in ihren Dörfern und Ländern ihre Formen der Ernährung, Landwirtschaft, Vieh- und Fischzucht selbst bestimmen können. Ernährungssouveränität stellt lokale und nationale Wirtschaft und Märkte in den Mittelpunkt. Sie fördert bäuerliche Landwirtschaft, Familienbetriebe sowie den traditionellen Fischfang und die Weidewirtschaft. Erzeugung, Verteilung und Verbrauch der Lebensmittel müssen auf sozialer, wirtschaftlicher und umweltbezogener Nachhaltigkeit beruhen. Ernährungssouveränität fördert transparenten Handel, der allen Völkern ein gerechtes Einkommen sichert und den KonsumentInnen das Recht verschafft, ihre Nahrungsmittel zu kontrollieren. Sie garantiert, dass die Nutzungsrechte auf Land, auf Wälder, Wasser, Saatgut, Vieh und Biodiversität in den Händen jener liegen, die das Essen erzeugen. Ernährungs-

souveränität bildet und stützt neue soziale Beziehungen ohne Unterdrückung und Ungleichheit zwischen Männern und Frauen, Völkern, ethnischen Gruppen, sozialen Klassen und Generationen." [1]

Weltweit landet rund ein Drittel der Lebensmittel auf dem Müll!

Der größere Teil davon geht dabei auf das Konto der privaten Haushalte. Hauptursachen sind eine fehlende Einkaufsplanung, schlechte Lagerung oder übertriebene Vorsicht bei Mindesthaltbarkeitsdaten.

Durch Fermentation landet weniger Essen im Müll.

Gute Mikroben sorgen dafür, dass jeder Mann, jede Frau und jedes Kind zu jeder Zeit genug zu essen hat und mit ausreichend Nährstoffen versorgt wird. Niemand muss hungern. Alles was wir tun müssen, ist, unser Essen mit Respekt zu behandeln und die dafür notwendige Zeit und Liebe zu investieren. Es lohnt sich!

Fermentation macht unsere Lebensmittel haltbar

Für uns Menschen war es auch vor den Zeiten des Kühlschranks notwendig, Lebensmittel haltbar zu machen. Strom und Kühlmöglichkeiten gibt es erst seit ein paar Generationen in wohlhabenderen Regionen. Die Frage ist, wie lange diese Möglichkeit verfügbar und erschwinglich bleibt? Durch Fermentation kann man das Leben von Nahrungsmitteln auch ohne Kühlschrank verlängern. Es hat daher große Bedeutung als Methode für die Haltbarmachung von Lebensmittelvorräten. Das funktioniert jedoch nur, wenn man die richtigen Bedingungen für die „guten" Mikroben schafft. Diese wissen dann genau, was zu tun ist, vermehren sich und sorgen mit ihrer Produktion von Säuren, Alkohol und Kohlendioxid für ein Umfeld, in welchem sich die „bösen" Mikroben nicht wohlfühlen und weiter überleben können.

Säure macht die Fermentation zur sichersten Art, Essen haltbar zu machen.

Die Ansäuerung mit Milchsäure oder Essigsäure spielt eine wichtige Rolle bei der Haltbarmachung durch Fermentation. Dadurch werden die Lebensmittel vor mikrobiellem Verderben und Ausbildung von Giftstoffen geschützt und bis zum Verbrauch konserviert. Die ansäuernden Bakterien verhindern Krankheitserreger wie beispielsweise Salmonellen, Escherichia coli (E.coli), Listerien und Clostridium und sorgen dafür, dass die Lebensmittel danach sicherer sind als in rohem Zustand, selbst wenn die rohen Zutaten verschmutzt waren.

1. Nyéléni Forum 2007 „ERKLÄRUNG VON NYÉLÉNI", unter: https://nyeleni.org/spip.php?article331 (abgerufen am 25.03.2021)

Laut dem US Department of Agriculture gab es bisher noch keinen einzigen Fall von Vergiftung oder Todesfall durch fermentierte Lebensmittel. Es ist wahrscheinlicher, an einem rohen Gemüse zu sterben, auf welchem sich noch Krankheitserreger befinden, die von den guten Mikroben durch den Fermentationsprozess noch nicht bekämpft wurden. Die guten Mikroben sind damit nicht nur unsere „Vorverdauer“, sie sind auch unsere „Vorkoster“.

Wie lange sind fermentierte Lebensmittel haltbar?

Durch Fermentierung haltbar gemachte Lebensmittel halten nicht ewig. Die genaue Dauer hängt vom Lebensmittel selbst, seinem pH-Wert, seiner Wasseraktivität, seinem Salzgehalt, der Lagertemperatur und -feuchtigkeit ab. Fermentierte Lebensmittel sind lebendig und dynamisch und verändern sich mit der Zeit. Sauerkraut wird beispielsweise irgendwann zu weich und matschig. Die Haltbarmachung durch Fermentierung zielt nicht darauf ab, Lebensmittel auf ewig haltbar zu machen. Es geht vielmehr darum, die jahreszeitlichen Lebensmittelüberschüsse zu konservieren, um in kärgeren Monaten davon leben zu können.

Welches Ferment passt zu dir?

Schenke jedem Ferment, das dein Interesse weckt, deine Zeit und Liebe.

Am besten findest du heraus, welches Ferment für dich geeignet ist, indem du sie einfach ausprobierst. Schenke jedem Ferment, das dein Interesse weckt, deine Zeit und Liebe. Gib nicht gleich auf und beobachte dich dabei.

Es kann etwas dauern, bis sich die positive Wirkung eines Ferments in deinem Körper zeigt. Zuerst kann sich die Veränderung in deinem Bauch nicht gut anfühlen, da sich deine neuen Freunde im Darm erst Platz machen müssen und schlechte Mikroben bekämpfen. Es kann auch sein, dass dein Körper durch die Vielzahl der guten Vitalstoffe, Säuren und Mikroben beginnt, Stoffe auszuscheiden, die deinen Körper bisher belastet haben. Auch das kann sich zuerst nicht gut anfühlen. Wenn das der Fall sein sollte, probiere es am Anfang mit kleineren Mengen und steigere langsam, bis du eine für dich passende Dosis dieses Ferments gefunden hast.

Auch die Tageszeit, wann du das Ferment isst oder trinkst, kann ausschlaggebend dafür sein, wie es dir danach geht. Im Austausch mit meinen Bekannten, Freunden, Familienmitgliedern und Workshopteilnehmern habe ich erkannt, dass es einen Unterschied macht, wann man ein Ferment zu sich nimmt und in welcher Menge. Und das ist für jeden anders. Manche essen und trinken Fermente gerne zum oder vor dem Frühstück, was für andere wieder gar nicht geht, weil sie noch keine Lust darauf haben und auch merken, dass sie danach Bauchschmerzen bekommen. Oft wird mir berichtet, dass bestimmte Fermente im Laufe des Vormittags, zum Mittagessen oder am Nachmittag am besten sind.

Und wenn dir ein Ferment am Anfang nicht schmeckt, weil es dir zu sauer oder zu stark vergoren ist, dann probiere es in Kombination mit süßeren Lebensmitteln zu essen. Eine Kombination aus süß und sauer ist immer etwas ganz Besonderes für unsere Geschmacksknospen und macht Lust auf mehr. Du wirst merken, dass du dich an den sauren Geschmack gewöhnst und dir bald auch das pure Ferment schmecken wird.

Tipp:

Beobachte dich und schaffe in deinem Leben die richtigen Bedingungen für dich selbst. Was schmeckt dir gut? Was tut dir gut? Wann fühlst du dich gut? Wie viel Schlaf brauchst du? Wie viel Bewegung brauchst du? Wie viel Gesellschaft brauchst du? Welche Gesellschaft tut dir wann gut? Warum isst du? Macht es einen Unterschied, wann du isst?

Jeder liebt Fermente auf seine eigene Art und Weise.

Meine Erfahrung mit Fermenten

„Ich trinke Kombucha am liebsten über den ganzen Tag verteilt in kleinen Mengen und mit Wasser aufgespritzt und komme dabei in Summe meist auf einen halben Liter pro Tag. Im Laufe des Vormittags hilft er mir, mein Frühstück zu verdauen und schenkt mir gute Energie für meine Arbeit. Vor dem Mittagessen regt ein Schluck purer Kombucha meine Verdauung an. In meinen Salat bringt er einen unvergleichlich guten süß-sauren Geschmack. Da bleibt kein Dressing übrig! Und am Nachmittag hilft er mir, meine süßen Gewohnheiten unter Kontrolle zu halten. Auch meine Energietiefs am Nachmittag, die ich früher oft hatte, spüre ich nicht mehr und wenn, dann viel geringer. Besonders freut mich, dass ich in Situationen, die mich früher schnell aus der Fassung gebracht haben, viel ruhiger und entspannter bleiben kann. Ich freue mich jeden Tag auf meinen Kombucha, nicht nur weil er mir gut schmeckt und Energie schenkt, sondern auch weil er dafür sorgt, dass ich einen regelmäßigen und angenehmen Stuhlgang habe. Damit kann ich meine Aufmerksamkeit voll und ganz meinen täglichen Herausforderungen widmen und bin dabei viel konzentrierter und aufnahmefähiger. Ich fühle mich rundum wohl in meiner Haut, die einfach nur strahlt. So fühlt sich für mich Lebensfreude an."

Andrea von Yoga Cuisine

„Ich bin LAKE-addicted und kann mich noch gut erinnern, als mir Fermentista Andrea das erste Glas fermentiertes Gemüse geschenkt hat. Voller Freude habe ich das Gemüse zum Snacken rausgefischt, bis das Glas leer war – fast leer, denn Lake war ja noch vorhanden. Ich wusste noch nicht, was ich damit machen sollte und kippte die Lake – zum Schrecken von Vesela und Andrea – in den Abfluss. „Ach du meine Güte, hast du die ganzen Nährstoffe einfach weggespült? Die Lake kann man doch so toll verwenden oder trinken", erklärten mir die beiden. Ich schwöre, es war das einzige Mal, dass ich Lake entsorgt habe. Mittlerweile verwende ich sie für Cracker, im Salatdressing, für Aufstriche oder wenn der Heißhunger anklopft, nehme ich einen Schluck aus dem Glas. Ich fühle mich sofort gestärkt und genährt, sodass der Heißhunger verschwindet."

Armin von der Kräutlerküche

„Wenn möglich, backe ich jeden Tag frisches Sauerteigbrot. Der Duft von frischem Brot versetzt mich immer wieder aufs Neue in meine Kindheit zurück. Was gibt es Schöneres? Wenn ich das Brot dann auch noch selbst gebacken habe, die Kruste richtig knusprig ist und das Brot eine schöne Krume hat, dann ist das für mich ein perfekter Start in den Tag. Netter Nebeneffekt, Blähungen gehören, seit ich selbst Brot backe, der Vergangenheit an. Das Geheimnis? Ich gebe dem Brot Zeit während der Reifung und Liebe, eben genau das, was leider in vielen Backstuben mittlerweile verloren gegangen ist. Gutes Brot braucht nur Mehl und Wasser. Dank Bakterien und Hefen wird daraus ein Grundnahrungsmittel, das aufgrund seiner Vielseitigkeit weltweit beliebt ist und einfach nur himmlisch schmeckt. Probiere es aus!"

Martina von einfachFRAUSEIN

„Es fällt mir gar nicht leicht, über nur ein liebstes Ferment zu berichten. Durch Armin und die Mädels durfte ich in die Welt der Fermentation eintauchen, die Benefits für mich entdecken und dies in meinen Alltag integrieren. Für mich ist es so schön, mich mit den unterschiedlichsten Fermentier-Methoden auszutoben und kreativ zu werden – möglichst bunt und von jedem ein bisschen. Zum Beispiel verwende ich gerne für mein Frühstücks-Porridge fermentiertes Apfelmus oder einen Schuss Kombucha, um Obst anzubraten oder zum Ansetzen meiner Overnight Oats. Vormittags genieße ich ein Gläschen Kombucha, um mich zwischen Terminen zu stärken oder ein Vormittagstief abzufangen. Beim Mittagessen liebe ich fermentiertes Gemüse als Topping oder Lake zum Ablöschen oder Abrunden. Wann immer Salat gemacht wird, kommt ein Schuss Kombucha dazu. Für mich sind Fermente kleine Geschmacks-Extras mit Mehrwert sozusagen. Auch Miso findet sich oft in meinen Speisen. Zum Knabbern oder wenn ich mit Freunden unterwegs bin, gibt es fermentierte Crackers aus Lake oder Sauerteig. Ich versuche außerdem mindestens ein Mal pro Woche selbst Brot zu backen, was mir wirklich große Freude bereitet! Meine Verdauung hat sich mit den ‚neuen Freunden' wesentlich verbessert und ist regelmäßiger – vor allem in stressigen Zeiten. Besonders glücklich macht es mich, dass mittlerweile auch mein anfangs sehr misstrauischer Freund fragt, ob es nicht noch etwas Kombucha gibt, oder Vorschläge für das nächste Brot-Experiment liefert."

Vesela

„Wasserkefir ist mein Star! Seit ich eine Handvoll Kristalle und eine Einführung von Fermentista Andrea bekommen habe, gibt es immer Wasserkefir bei mir. Das Getränk ist sehr leicht zu machen. Man braucht nur Wasser und Zucker, der Rest ist reine Geschmackssache. Das Glas mit den Wasserkefir-Kristallen und schwimmenden Stücken von Karotten, Äpfeln und Zitronen ist sogar ein Teil von meiner Küchendeko geworden. Es ist immer spannend zu beobachten, wie sich die Kristalle rauf und runter im Glas bewegen und wie sich die Farbe und die Durchsichtigkeit nach ein paar Tagen ändern, je nachdem welche Geschmacksgeber ich hinzugefügt habe. Es ist auch sehr praktisch, dass ich immer etwas Besonderes zum Trinken zuhause habe, wenn überraschend Besuch kommt. Das Getränk hat etwas Festliches, es prickelt ein bisschen wie Sekt. Ein Glas Wasserkefir mit Freunden ist immer eine echte Zelebration. Ich rate jedoch davon ab, auf nüchternen Magen am Vormittag mehr als einen Liter Wasserkefir zu trinken. Damit kann die Arbeit am Vormittag etwas lustiger werden als sonst und es fehlt die Konzentration. Immerhin enthält Wasserkefir ja auch eine kleine Menge Alkohol, die man in dieser Menge auf nüchternen Magen schon spüren kann. Bei mir war es jedenfalls so."

Tipp:

Probiere nicht alles auf einmal aus! Fermente sind wie Haustiere. Jedes Einzelne braucht seine Aufmerksamkeit, bestimmtes Futter, einen bestimmten Platz, hat seinen eigenen Rhythmus usw. Würdest du dir gleichzeitig einen Hund, eine Katze, einen Hamster, einen Vogel und ein Kaninchen anschaffen, würdest du schnell die Freude an deinen Haustieren verlieren wegen der vielen neuen Arbeit. Die Tiere würden darunter leiden. Es macht daher Sinn, jedem Ferment einzeln die dafür notwendige Aufmerksamkeit zu schenken und nicht mit allen auf einmal zu starten, auch wenn du noch so motiviert bist. Es kann sonst passieren, dass du schnell die Freude an der Fermentation verlierst, weil du überfordert bist. Und das darf auf keinen Fall passieren, denn das ist die oberste Priorität: Freude an der Fermentation zu haben.

Die richtigen Bedingungen schaffen!

Fermentation braucht Zeit und Liebe.

Fermentation braucht Zeit und Liebe. Am besten gibst du deinen Kulturen Namen. Sie haben es sich verdient! Um dir den Einstieg in deine eigene Fermentierküche etwas zu erleichtern, möchte ich in Folge auf die wichtigsten Faktoren und Werkzeuge eingehen, mit denen du deine Liebe ausdrücken kannst und die für deinen Fermentier-Erfolg wichtig sind.

Zeit

Gib den Mikroben die Zeit, die sie brauchen.

Zeit ist einer der wichtigsten Faktoren für ein gutes Ferment. Nur wenn die Mikroben genug Zeit bekommen, können sie ihre Arbeit machen.

Wie viel Zeit einzelne Fermente brauchen, ist so unterschiedlich, dass man sie nicht verallgemeinern kann. Die richtige Fermentier-Zeit hängt auch von anderen Faktoren ab, wie beispielsweise der Temperatur oder dem Salzgehalt. Auch der persönliche Geschmack entscheidet, denn das Ferment wird zu jeder Zeit anders schmecken. Je länger es fermentiert, desto saurer wird es, da die Mikroben mehr Zeit bekommen, um Säuren zu produzieren.

Tipp:

Probiere deine Fermente anfangs regelmäßig, während sie fermentieren, damit du ein Gefühl dafür entwickelst, wie sie sich verändern. Du wirst immer besser wissen, wann ein Ferment für dich passt und fertig ist.

Gib dir die Zeit, die du brauchst.

Vergiss nicht, auf dich selbst zu schauen. Nur wenn es dir gut geht, kannst du für andere da sein. Eine gute und realistische Planung und Zeiteinteilung sind wichtig, damit du dich auf deine Arbeit konzentrieren kannst, ohne schon gehetzt an die nächste Aufgabe zu denken und gestresst und genervt bei der Arbeit zu sein. Diese Unruhe überträgst du auf dein gesamtes lebendiges Umfeld – auch auf die Mikroben.

Jeder Mensch hat sein eigenes Tempo. Vergleiche dich nicht mit anderen.

Jede Mikrobe hat ihr eigenes Tempo. Man kann sie nicht miteinander vergleichen.

Tipp:

Beobachte, wie lange du für bestimmte Arbeitsschritte benötigst, wann du dazwischen Pausen brauchst und dir diese auch nehmen kannst, um durchzuatmen und einen Bewegungsausgleich für deinen Körper zu schaffen. Wenn du dir die Zeit für ein Ferment an einem bestimmten Tag nicht nehmen kannst, weil andere Dinge den Tag bereits auslasten, beginne erst gar nicht damit. Es wäre eine zusätzliche belastende Arbeit, die dir die Freude daran rauben würde. Schaffst du es einfach nie, dich um ein bestimmtes Ferment zu kümmern, verurteile dich deswegen nicht. Vielleicht hast du dir zu viel zugemutet und hinterfragst am besten allgemein, was dir im Leben wichtig ist und womit du deine Zeit am liebsten verbringen möchtest

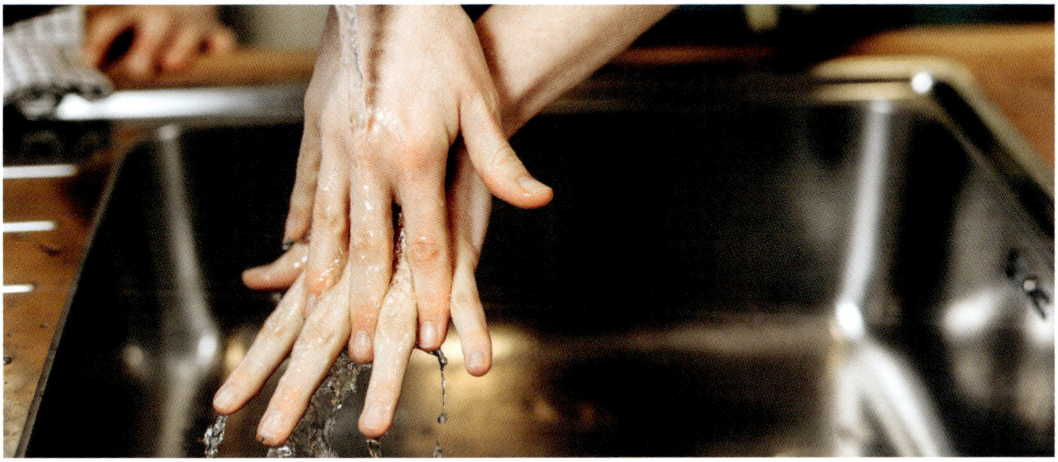

Sauberkeit

Halte deine Hände, Ausrüstung und dein Werkzeug sauber. Es ist bei den beschriebenen Fermenten in diesem Buch und in den allermeisten Fällen nicht notwendig, alles zu sterilisieren oder mit antibakteriellen Mitteln zu reinigen. Das ist meist sogar kontraproduktiv. Wichtig ist, einen Ausgleich an „guten" und „bösen" Mikroben zu schaffen. Dafür brauchen wir unsere Freunde, die „guten" Bakterien, und dürfen sie nicht abtöten. Wir schaffen für sie die richtigen Bedingungen und sie wissen dann, was zu tun ist, produzieren fleißig Säuren und bekämpfen ihre Feinde, die „bösen" Bakterien. Dafür brauchen sie keine giftigen Substanzen, die ihnen und der Umwelt schaden!

Eine übertriebene Sauberkeit im Alltag ist generell nicht förderlich. Je höher die Hygienestandards in einem Land sind bzw. je steriler ein einzelner Haushalt ist, desto mehr Allergien und Autoimmunerkrankungen gibt es dort. Grund dafür ist, dass alle Bakterien abgetötet werden – die „bösen" und die „guten". Auch die „bösen" Bakterien können gut für uns sein, solange sie unser Körper zum Trainieren benutzt und damit unser Immunsystem aufbaut. Wichtig ist ein gesundes Gleichgewicht zu schaffen mit natürlicher Sauberkeit. Es gibt bereits erste, auf Bakterien basierende Reinigungsmittel, die bei der Reinigung ein gesundes Bakterien-Gleichgewicht herstellen. Mit Bakterien kann also auch sauber gemacht werden.

Meine Erfahrung

Beim Fermentieren koche ich die dafür verwendeten Gläser nicht aus, so wie ich das beim Einkochen mache. Ich gebe sie einfach mit in den Geschirrspüler und spüle sie vor der Verwendung noch einmal kurz mit warmem Wasser aus. Meine Steine, die ich zum Beschweren verwende, und die Gummidichtungen der Gläser koche ich für ca. 10 Minuten gut aus, da es öfter vorkommt, dass sich dort während der Fermentation Schimmel bildet. Wichtig ist, die Steine vor der nächsten Verwendung wieder abkühlen zu lassen.

Tipp:

Bevor du mit deiner Arbeit beginnst, säubere alle Flächen und deine Hände mit warmem Wasser und achte darauf, dass keine Haustiere während deiner Arbeit ihre Nase in die Töpfe stecken oder sich daneben ihr Fell ausschütteln. Ich sperre meine Katze aus der Küche, bevor ich mit der Arbeit beginne.

Wasser

Achte beim Wasser auf den Chlor-Gehalt. Chlor kann den Fermentierungsprozess beeinträchtigen. Wenn du das Wasser offen abkochst, bevor du es verwendest, verdampft das Chlor. Wichtig ist, es wieder auf Zimmertemperatur abkühlen zu lassen, da die Mikroben sonst abgetötet werden. Bei guter Planung kannst du das Wasser auch in einem offenen Gefäß mit großer Oberfläche einfach 1–2 Tage stehen lassen, damit das Chlor entweichen kann.

Meine Erfahrung

Bei mir zuhause im Mühlviertel verwende ich das Wasser für die Fermentation direkt aus der Wasserleitung. Ich koche es nicht vorher ab. In anderen Ländern, in denen der Chlorgehalt im Wasser so hoch ist, dass man ihn riecht, wenn das Wasser aus der Leitung kommt, würde ich es vorher abkochen.

Salz

Salz spielt bei vielen Fermenten eine wichtige Rolle. In diesem Buch ist es wichtig für die Fermentation von Gemüse. Mit dem richtigen Salzgehalt können die „guten" Mikroben gefördert werden. Zu wenig Salz kann zu Fäulnisprozessen führen. Zu viel Salz führt dazu, dass keine Mikroben mehr aktiv sind und keine Fermentation mehr stattfindet. Die richtige Salzmenge ist daher entscheidend für den Fermentier-Erfolg. Wie viel Salz die richtige Menge ist, kannst du am besten mit deinem Geschmackssinn herausfinden. Es soll salzig, aber nicht versalzen schmecken. Bei der Anleitung für die Fermentation von Gemüse findest du genauere Angaben dazu. Welches Salz du verwendest, ist grundsätzlich eine Frage deiner eigenen Werte und des Geschmacks. Jedes Salz funktioniert für die Fermentation. Je naturbelassener das Salz ist, desto mehr Mineralstoffe sind enthalten, die durch die Fermentation für uns Menschen besser verfügbar werden.

Tipp:

Mineralreiches Steinsalz oder Meersalz sind naturbelassen und voller guter Mineralstoffe. Sie eignen sich für die Fermentation besonders gut. Wenn du gröberes Salz verwendest, achte gut darauf, dass es sich in der Flüssigkeit auflöst und im Gemüse verteilt.

Suppenwürze

Viele bereiten sich ihre eigene Suppenwürze aus Wurzelgemüse, Suppenkräutern und Salz zu. Diese Würze hält sehr lange, ist gesünder und schmeckt auch viel besser als gekaufte Würze mit künstlichen Zusatzstoffen. Man fügt hier jedoch so viel Salz hinzu, dass keine Mikroben mehr aktiv sind.

In den meisten Rezepten sind es zwischen 120 und 180 Gramm Salz je 1 Kilo Gemüse. Das ist viel im Vergleich zur Salzzugabe bei der Fermentation und es ist hier das Salz, das das Gemüse haltbar macht und nicht die Mikroben. Diese Suppenwürze verändert sich nicht mit der Zeit.

Verwendet man weniger Salz, so wie es bei der Fermentation für Gemüse angegeben ist, beginnt das Gemüse durch die Milchsäurebakterien zu fermentieren und man erhält eine fermentierte Suppenwürze, die durch Milchsäure haltbar gemacht wird und sauer schmeckt, obwohl sie weniger Salz enthält.

Temperatur

Bei der Fermentation geht es um lebendige Mikroben. Sie wollen es nicht zu heiß und nicht zu kalt. Manche von ihnen brauchen konstante Temperaturen, damit sie überhaupt arbeiten, und andere produzieren einfach andere Stoffe bei unterschiedlichen Temperaturen. Bei den einzelnen Fermenten in diesem Buch gehe ich auf die jeweils richtige Temperatur bei ihrer Anleitung genauer ein. Grundsätzlich gilt: Je wärmer es ist, desto aktiver werden Mikroben und je kälter es ist, desto inaktiver werden sie. Starke Hitze tötet sie ab, Frost überleben die meisten von ihnen. Du kannst deine Kulturen also auch einfrieren, wenn sie dir zu viel werden und du eine Pause brauchst.

Fermente aus dem Supermarkt sind nicht mehr lebendig.

Werden lebendige Fermente stark erhitzt oder pasteurisiert, sterben die guten Mikroben ab und Enzyme können ihre Funktion nicht mehr erfüllen. Fermente aus dem Supermarkt, wie beispielsweise das abgepackte Sauerkraut, sind meist pasteurisiert, damit sie gut kontrollierbar sind und sich nicht verändern während des Transportes und der Lagerung. Dadurch verlieren sie jedoch viele wichtige und gute Eigenschaften. Sie sind einfach tot.

Sonnenlicht

In den meisten Fällen wirkt sich eine direkte Sonneneinstrahlung negativ auf die Fermentation aus. Die UV-Strahlen können Mikroben zerstören oder deren Stoffwechsel hemmen. Außerdem kann der Nährstoffgehalt im Lebensmittel gemindert werden. Keine direkte Sonneneinstrahlung bedeutet nicht vollkommene Dunkelheit. Es genügt eine Umgebung mit indirekter Sonneneinstrahlung, wie das in Wohnräumen der Fall ist.

Tipp:

Stelle deine Fermente nicht auf ein Fensterbrett oder an einen Platz, an den die Sonne direkt hinscheint. Im kalten Backofen gefällt es ihnen gut. Da ist es schön finster und sie haben ihre Ruhe. Vergiss aber nicht, sie herauszunehmen, bevor du den Backofen zum Backen verwendest. Du kannst auch ein Tuch über deine Fermente legen, damit sie besser vor Sonnenlicht geschützt sind.

Meine Erfahrung

Ich dekoriere mein Zuhause gerne mit meinen Fermenten, sodass ich mich täglich an ihnen erfreue und andere sie bewundern können. Dafür wähle ich Plätze für sie aus, die eine konstante warme Temperatur haben ohne direkte Sonneneinstrahlung. Es gibt nichts Schöneres als Gläser voll blubberndem und buntem Gemüse und Getränken.

Sauerstoff

Viele der guten Mikroben brauchen keinen Sauerstoff für ihre Arbeit und es ist wichtig, sie vom Sauerstoff fernzuhalten. So können sie sich besser gegen Schimmelbakterien durchsetzen, die Sauerstoff lieben. Vor allem bei der Fermentation von Gemüse ist darauf zu achten. Auch das Joghurt wird am besten luftdicht verschlossen. Wasser- und Milchkefir kommen mit und ohne Sauerstoff gut zurecht. Je nachdem, welche Bedingungen der Kefir vorfindet, arbeiten die darin enthaltenen Bakterien oder die Hefen. Kombucha oder Essig fermentieren nur mit Sauerstoff und dürfen daher nicht luftdicht verschlossen werden. Wichtig ist aber, dass sie mit einem Tuch gut abgedeckt werden, damit kein Staub und Schmutz hineingelangt. Sauerteig wiederum kann luftdicht verschlossen werden, da er keinen Sauerstoff für die Fermentation benötigt.

Achte auf den Überdruck bei luftdicht verschlossenen Gefäßen!

Mikroben produzieren Kohlendioxid, wodurch Fermente schön sprudeln und aufschäumen. Wenn du deine Fermente in ein luftdicht verschlossenes Gefäß gibst, kann durch das CO^2 in dem Gefäß ein Überdruck entstehen und das Gefäß explodieren. Je wärmer es ist, desto höher ist die Gefahr. Im Kühlschrank geht diese Gefahr gegen null, da die Mikroben im Winterschlaf sind.

Tipp:

Solange deine Fermente nicht im Kühlschrank sind, stelle sie an einen Ort, an welchem du sie gut im Auge behalten und beim Vorbeigehen öfter „lüften“ kannst. Öffne sie dafür nur kurz, damit der Druck entweichen kann, aber kein Sauerstoff in das Gefäß gelangt. Eine gute Möglichkeit sind auch Gärspunde im Deckel. Sie lassen überschüssigen Druck aus dem Gefäß entweichen, ohne dass Sauerstoff in das Gefäß kommt. Du musst nicht extra darauf achten.

Gefäße

Welches Gefäß am besten geeignet ist, hängt vom Lebensmittel und deinen Bedürfnissen ab. In den meisten Fällen reicht ein Konservenglas mit breiter Öffnung für beispielsweise fermentiertes Gemüse, Kombucha, Essig oder schmaler Öffnung für fermentierte Getränke wie Kefir. Je nachdem, ob für die Fermentierung Sauerstoff benötigt, luftdicht verschlossen oder nur abgedeckt wird. Werden Gefäße luftdicht verschlossen, ist zu beachten, dass regelmäßig der Druck abgelassen wird. Das Gefäß könnte explodieren, weil zu viel Kohlendioxid entstanden ist und der Druck zu groß wurde. Eine gute Lösung sind Konservengläser mit Glasdeckel, Gummidichtung und Metallbügeln. Metallgefäße empfehle ich nicht für die Fermentierung, da die Säure und das hinzugefügte Salz das Metall angreifen und den Inhalt beeinträchtigen. Auch Kunststoffgefäße sind nicht die beste Wahl, da gesundheitsschädliche Chemikalien (Weichmacher) in die Nahrungsmittel geraten können.

Früher hatte jeder Haushalt seine eigenen Gärgefäße und Methoden, die auf die Bedürfnisse der im Haushalt lebenden Personen angepasst waren und von Generation zu Generation weitergegeben wurden. Manche hatten Steintröge, andere Gefäße aus Ton. Manche haben ihre Fermente mit Holz beschwert, andere mit Steinen. Alles was funktioniert, ist richtig. Sammle deine eigenen Erfahrungen und gib sie weiter.

Meine Erfahrung

Sehr gute Erfahrungen habe ich mit den Rex-Gläsern von Müller Glas gemacht. Beim Fermentieren von Gemüse funktioniert hier ein kleinerer Glasdeckel als Beschwerung. Die Gläser gibt es in verschiedenen Größen und sie sind stapelbar, wodurch die Lagerhaltung erleichtert wird.

Tipp:

Passe deine Gärgefäße an deine Bedürfnisse an. Vielleicht reicht dir ein 1-l-Glasgefäß, weil du alleine bist oder nur du davon isst oder trinkst, in der Stadt lebst und keinen Keller für eine größere Vorratshaltung hast. Oder du hast ein eigenes Haus mit einem eigenen Garten und möchtest möglichst viel davon für den Winter haltbar machen. Dann brauchst du entweder mehr Gläser, größere Gläser oder du besorgst dir größere Gärtöpfe.

Werkzeuge

Alles was du zum Fermentieren brauchst, findest du in einer normal ausgestatteten Küche und du kannst sofort loslegen. Mit der Zeit wirst du herausfinden, welche zusätzlichen Werkzeuge dir deine Arbeit erleichtern. Bei den einzelnen beschriebenen Fermenten in diesem Buch gebe ich dafür ein paar Anregungen. Für eine gute Grundausstattung kann ein Thermometer zur Bestimmung der richtigen Temperatur hilfreich sein. Wenn du keinen Keller hast und größere Mengen fermentieren und lagern möchtest, kann auch ein eigener Kühlschrank nützlich sein. In Korea gehört ein „Kimchi-Kühlschrank" zur Küchengrundausstattung. Es ist dort keine Besonderheit, einen eigenen Kühlschrank für das fermentierte Nationalgericht zu haben. Wäre es nicht toll, wenn bei uns auch ein eigener „Fermentista-Kühlschrank" üblich wäre? Für gekühltes Bier setzt sich ein „Bier-Kühlschrank" auch schon immer mehr durch.

Tipp:

Klebeband und Marker eignen sich gut zum Beschriften des Inhalts, des Anfangsdatums und voraussichtlichen Enddatums. Ein Tagebuch für Details und Notizen ist eine gute Ergänzung.

Meine Erfahrung

Nach kurzer Zeit Fermentier-Erfahrung habe ich mich auf die Suche nach einem guten Dörrgerät mit Einschubladen und passenden Auflagen gemacht. Damit kann ich Obst für meine fermentierten Getränke trocknen und lange haltbare und würzig fermentierte Crackers in Rohkostqualität herstellen.

Gemüse fermentieren

Die Fermentation von Gemüse ist eine wilde Fermentation. Man braucht keine Starterkultur und arbeitet mit den Mikroben, die auf dem Gemüse und in der Umgebung sind. Ziel ist es, die Milchsäurebakterien zu fördern, damit diese sich gegen andere „böse" Bakterien durchsetzen können. Milchsäurebakterien haben nichts mit der Milch zu tun. Sie wurden nur als Erstes in fermentierter Milch entdeckt, daher haben sie diesen Namen bekommen.

Erfahrung von Vesela

„Mein Leben teilt sich in zwei Teile: Es gibt eine Zeit, bevor ich gewusst habe, wie leicht und lecker Gemüse zu fermentieren ist, und danach. Der Aufwand dafür ist minimal, dafür habe ich immer eine gesunde und köstliche Beilage im Kühlschrank. Die fermentierten Karotten und Roten Rüben sind meine Favoriten. Es gibt auch immer ein paar fermentierte Salsa-Variationen, „preserved Lemons“-Paste, Sauerkraut und Kimchi. Zu jeder Mahlzeit gebe ich etwas Fermentiertes dazu. Jede Bowl, jedes Curry und jede Suppe lassen sich gerne von meinen fermentierten Beilagen begleiten. Manchmal snacke ich die sauren Karotten sogar einfach so zwischendurch. Heißhunger-Attacken sind damit schnell vertrieben.“

Fermentiertes Gemüse kennt jeder meist in Form von Sauerkraut. Wichtig zu wissen ist, dass das abgepackte Sauerkraut aus dem Supermarkt keine lebendigen Milchsäurebakterien mehr enthält, die gut für unseren Darm sind, denn sie wurden durch Hitze abgetötet. Möchte man ein gutes, lebendiges Sauerkraut kaufen, muss man im Supermarkt danach fragen. Man findet es offen in der Feinkostabteilung, in Bioläden oder auf Bauernmärkten. Besser, günstiger und einfacher ist es, wenn man es sich selbst macht. Der größte Kostenfaktor beim fermentierten Gemüse ist die Zeit. Und das Beste an selbst fermentiertem Gemüse ist, dass man nicht nur beim Sauerkraut bleiben muss, sondern richtig kreativ werden kann. Fast jedes Gemüse lässt sich fermentieren. Die Natur schenkt uns eine Vielfalt, die über das Kraut hinausgeht und welche wir im Supermarkt nie finden werden.

Die Fermentation von Gemüse ist eine wilde Fermentation. Man braucht keine Starterkultur und arbeitet mit den Mikroben, die auf dem Gemüse und in der Umgebung sind. Ziel ist es, die Milchsäurebakterien zu fördern, damit diese sich gegen andere „böse“ Bakterien durchsetzen können. Milchsäurebakterien haben nichts mit der Milch zu tun. Sie wurden nur als erstes in fermentierter Milch entdeckt, daher haben sie diesen Namen bekommen.

Unter dem Mikroskop betrachtet sehen Milchsäurebakterien aus wie Stäbchen. Von den guten Essigsäurebakterien, die man im Essig und im Kombucha findet, unterscheidet sie ganz klar, dass sie Ketten und eine Schleimschicht aus Ballaststoffen bilden. Damit schützen sie sich. In einem Joghurt kann man diese Schleimschicht gut schmecken, welche die guten Milchsäurebakterien durch ihre Arbeit hinterlassen. Da es bei der Gemüsefermentation um die Milchsäurebakterien geht, nennt man sie auch Laktosefermentation.

Milchsäurebakterien mögen keinen Sauerstoff. Sie arbeiten anaerob im Gegensatz zu Schimmelbakterien, die Sauerstoff für ihre Arbeit brauchen und aerob arbeiten. Darum lautet der Grundsatz bei der Fermentation von Gemüse:

Alles ist gut, solange es unter der Lake ruht.

Außerdem mögen Milchsäurebakterien die Säure und produzieren auch selbst Milchsäure aus den Kohlenhydraten im Gemüse. Um ihnen den Start zu erleichtern, gibt man etwas Salz hinzu.

Es geht bei der Fermentation von Gemüse also darum, das Gemüse zu zerkleinern, zu salzen und luftdicht verschlossen an einen warmen Ort ohne Sonneneinstrahlung zu stellen. Dabei ist es gut, wenn man das Gemüse beschwert, da die Milchsäurebakterien neben Säuren und Vitalstoffen auch CO^2 produzieren, wodurch das Gemüse ansonsten an die Oberfläche gelangen und mit Sauerstoff in Kontakt kommen würde.

Tipp:

Jedes Gemüse, welches du auch roh essen kannst, eignet sich zum Fermentieren.

Meine Erfahrung

Gemüse, welches mir in fermentierter Form nicht gut schmeckt, sind Tomaten, Süßkartoffeln und Kürbis. Dieses Gemüse backe ich lieber im Ofen oder koche es in Salsen, Suppen oder Curries ein.

Gefäße

Für die Fermentation von Gemüse gibt es eigene Gär- oder Krauttöpfe, die rund um die Öffnung eine Rinne haben, welche mit Wasser gefüllt wird, und einen Deckel, der genau in die Rinne passt. So wird vermieden, dass Luft in das Gefäß gelangt, während der Überdruck aus dem Inneren jedoch entweichen kann. Dabei ist es wichtig, dass immer genug Wasser in der Rinne ist. Es verdampft mit der Zeit und muss nachgefüllt werden. Nur so wird vermieden, dass Sauerstoff in das Gefäß gelangt. Dazu gibt es auch eigene Gewichte zum Beschweren des Inhaltes. Damit wird die Schimmelbildung an der Oberfläche verhindert. Sobald der Deckel jedoch geöffnet wird – um beispielsweise daran zu riechen oder es zu probieren – gelangt Sauerstoff hinein und die Wirkung ist vorbei.

Tipp:

Wenn du von einem Gärtopf etwas entnimmst, decke das Ferment wieder gut ab, beschwere es und zünde ein Teelicht an, welches du in den Topf stellst, bevor du den Deckel wieder darauf gibst und die Rinne mit Wasser befüllst. Das Teelicht verbrennt den Sauerstoff, der im Gefäß ist, und erlischt dann. Damit kannst du sichergehen, dass kein Restsauerstoff im Gefäß ist, der zu Schimmel führen könnte.

Meine Erfahrung

Ich verwende selten Gärtöpfe, da ich immer vergesse, das Wasser in der Rinne nachzufüllen. Zudem kann ich das Innere des Topfes nicht sehen, ohne dass ich den Deckel öffne, und dadurch gelangt Sauerstoff in das Gefäß. Ein volles Gärgefäß ist meist sehr schwer und mühsam in den Keller zu tragen. Wenn ich etwas davon nehmen möchte, ist es sehr mühsam, dafür mit der vollen Ausrüstung in den Keller gehen. Bügelgläser und Rex-Gläser von Müller Glas mit Gummidichtung sind da einfacher zu handhaben. Diese trage ich in die Küche, öffne sie dort und entnehme, was ich davon brauche. Entweder beschwere ich sie wieder und trage sie gut verschlossen in den Keller zurück, oder ich fülle sie in Schraubgläser um und stelle sie in den Kühlschrank, damit ich sie schneller zur Hand habe. Gerne passe ich die Gläsergröße an meinen Alltags-Bedarf an, sodass ich sie nicht umfüllen oder neu bedecken muss. Es gibt sie in verschiedenen Größen in vielen Lager- und Bauhäusern. Ich verschließe die Gläser ganz. Der überflüssige Druck kann trotz verschlossenem Deckel entweichen, im Gegenzug gelangt aber nichts von außen in das Glas. Der Glasinhalt ist fest versiegelt und auch, wenn der Flüssigkeitspegel sinkt und das Ferment nicht mehr ganz bedeckt ist, kommt es nicht zu Schimmelbildung, solange das Glas verschlossen bleibt. Man kann durch das Glas sehr gut beobachten, wie die Fermentation voranschreitet, ob sie funktioniert hat oder sich vielleicht doch ein Schimmel bildet, der entfernt werden muss. Besonders gefällt mir an diesen Glasgefäßen, dass sie durch ihren farbigen Inhalt meine Regale schmücken.

Werkzeuge zum Zerkleinern

Zum Schneiden und Raspeln von Gemüse reichen grundsätzlich ein gutes Messer, ein Schneidebrett und ein Hobel oder Raspel. Wenn du größere Mengen verarbeiten möchtest, lohnt es sich, in eine Küchenmaschine zu investieren, die dir die Arbeit erleichtert.

Tipp:

Mit einem Julienneschneider kannst du fermentierte Gemüsenudeln herstellen. Sie sind eine schnell angerichtete, gesunde, geschmacklich und farbig einzigartige und kalorienarme Nudelersatz-Mahlzeit. Ich serviere sie am liebsten mit ein bisschen Pesto, Nussmus oder fermentiertem Nussfrischkäse und frischen Kräutern.

Werkzeuge zum Befüllen

Beim Befüllen eines Gefäßes mit dem zerkleinerten Gemüse, wie es bei der Krauttechnik üblich ist, solltest du unbedingt darauf achten, dass keine Luftlöcher entstehen. Dort würden sich Schimmelbakterien wohlfühlen und könnten die Milchsäurebakterien verdrängen. Das wäre nicht gut. Deswegen drückst du das Gemüse so gut wie möglich in das Gefäß, sodass keine Luftblasen zwischen dem Gemüse bleiben. Dafür kannst du einen eigenen Stampfer aus Holz verwenden oder einfach deine Hände.

Meine Erfahrung

Ich verwende am liebsten meine Hände zum Gemüsekneten und Befüllen des Gefäßes. So kann ich gut fühlen, wie sich das Gemüse während des Knetens verändert und ob es bereit ist, um in das Gefäß gedrückt zu werden. Mit meiner Faust presse ich das Gemüse hinein, sodass keine Luftblasen zwischen dem Gemüse bleiben und die herausgepresste Lake das Gemüse abdeckt.

Meine Mutter erzählt:

„Als ich Kind war, haben wir zuhause jedes Jahr Sauerkraut in großen Mengen für die ganze Familie verarbeitet. Alle haben mitgeholfen. Das Kraut haben wir händisch gehobelt und mit Salz, Kümmel und Wacholderbeeren schichtweise in einen Steinbottich im Keller gegeben. Es war uns nicht möglich, diese große Menge mit den Händen zu kneten. Daher hat mein Vater oder mein Bruder mit sauberen Füßen das Kraut im Bottich bei jeder zugegebenen Schicht eingetreten, sodass die Flüssigkeit aus dem Kraut kam und es damit bedeckt war. Mein Bruder klagte dabei immer über kalte Füße. Beschwert wurde das Kraut mit Holz und Steinen. Bis Weihnachten konnten wir uns meist noch mit dem gelagerten Kraut versorgen, welches wir nicht eingetreten haben. Danach war das Sauerkraut bereit zum Essen und hat uns bis in den Frühling versorgt."

Werkzeuge zum Abdecken und Beschweren

Beim Fermentieren von Gemüse ist es gut, das Gemüse abzudecken. Damit wird verhindert, dass das Gemüse selbst mit Sauerstoff in Kontakt kommt und gut geschützt ist.

Äußere Krautblätter zum Abdecken

Beim Fermentieren von Kraut kann man die äußeren Krautblätter zur Seite geben und damit das in das Glas gepresste Gemüse abdecken. Wichtig ist, das Gemüse noch zusätzlich mit beispielsweise Steinen zu beschweren.

Mit dem Gemüse abdecken

Bei manchen Gemüsesorten kann man das Gemüse selbst in eine Form zum Abdecken schneiden. Größere Karotten können beispielsweise der Länge nach in Scheiben geschnitten werden. Verwendet man ein Bügelglas, lassen sich die länglichen Karotten gut im Glas verkanten, sodass kein zusätzlicher Beschwerer notwendig ist.

Tipp:

Wenn du äußere Krautblätter oder das Gemüse selbst zum Abdecken des Gemüses verwendest, kannst du dafür Gemüse verwenden, welches nicht mehr so schön ist und du sonst zum Kompost gegeben hättest. Es darf aber nicht faulig sein.

Mit Wasser gefüllter Gefrierbeutel

Es ist auch möglich, einen Gefrierbeutel mit Wasser zu füllen und damit das Gemüse abzudecken. Damit beschwert man das Gemüse auch gleichzeitig.

Meine Erfahrung

Ich habe die Methode mit dem Wasser gefüllten Gefrierbeutel einmal angewendet und bin davon abgekommen, weil das Gemüse während der Fermentation mit dem Plastik in Verbindung gestanden ist, was zu einem anderen, künstlicheren Geschmack geführt hat. Da ich grundsätzlich kein Fan von Plastik bin und es überall meide, wo ich nur kann, kam diese Methode nicht weiter für mich in Frage.

Mit Wasser gefülltes Glas

Eine weitere Möglichkeit zum Abdecken und Beschweren ist ein mit Wasser befülltes Glas, welches genau in die Öffnung des Fermentier-Gefäßes passt. Ein Bügelglas lässt sich auf diese Weise nicht mehr verschließen. Da aber das Gemüse unter der Flüssigkeit bleibt, funktioniert diese Methode gut.

Beschwerer aus Glas oder Ton

Im Handel gibt es bereits eine große Auswahl an Beschwerer aus Glas oder Ton mit einem Loch in der Mitte oder einem Griff, um die Glasscheiben wieder gut aus dem Gefäß zu bekommen. Solche Gefäße mit passenden Beschwerern sind einfach zu handhaben und funktionieren sehr gut. Besonders gut gefallen mir die Rex-Gläser von Müller Glas, bei welchem kleinere Glasdeckel als Beschwerung dienen. Da diese das Gemüse sehr gut abdecken, sind keine zusätzlichen Abdeckblätter notwendig.

Blätter von Himbeer-, Brombeer- oder Weinsträuchern

Zum Abdecken des Gemüses eignen sich Blätter von Himbeer-, Brombeer- oder Weinsträuchern. Diese Blätter kann man einfach aus dem Garten holen oder beim Spazierengehen mitnehmen. So kommt man auch an die frische Luft und hat Bewegung. Die Blätter mit kaltem Wasser abspülen und über das Gemüse geben. Sie halten das Gemüse nicht nur von Sauerstoff fern, sondern unterstützen den Fermentationsprozess zusätzlich, denn sie enthalten Tannine. Das sind sekundäre Pflanzenstoffe, die dafür sorgen, dass das Gemüse schön knackig bleibt. Beschwert wird das Gemüse am besten mit Steinen.

Steine

Sehr einfach und kostengünstig sind Steine als Beschwerer. Manche Steine lösen sich jedoch durch die Säure auf, die während der Fermentation entsteht. Bei Granitsteinen ist das nicht der Fall.

Meine Erfahrung

Am liebsten verwende ich die Rex-Gläser von Müller Glas zum Fermentieren von Gemüse. Immer wieder greife ich auch auf Blätter und Granitsteine zum Abdecken und Beschweren zurück. Meine Steine verwende ich dafür immer wieder und koche sie nach jeder Verwendung für ca. 10 Minuten aus. Beim ersten Mal fühlt es sich etwas ungewöhnlich an, Steine zu kochen. Mit der Zeit wird es ganz normal.

Grundanleitungen: Die Krauttechnik

Zutaten:

1 kg Gemüse
1 EL Salz

Material:

1-l-Glas (Rex Gläser von Müller Glas oder Gläser mit Bügelverschluss)
1 Abdichtungsgummiring passend für das Glas
Abdeckung und Beschwerung (Verweis auf Seite 122/123 – Werkzeuge zum Abdecken und Beschweren)

Tipp:

Für die Krauttechnik eignet sich vor allem festeres Gemüse wie Kraut, Kohlrabi, Sellerie, Karotten usw. Weniger gut geeignet ist dafür weicheres Gemüse wie Gurken oder Zucchini. Du kannst das Gemüse auch miteinander kombinieren.

Gute Kombinationen aus meiner Erfahrung in der Krauttechnik sind:

Kohlrabi – Zwiebel
Blaukraut – Zwiebel – Apfel
Kraut – Sellerie – Lauch
Spinat – Zwiebeln – Knoblauch – Zitronensaft – Oregano

1. Bereite das Gemüse vor

Wasche das Gemüse und rasple es grob oder fein. Wenn du Bio-Gemüse verwendest, musst du es in den meisten Fällen auch nicht schälen. Auf der Schale befinden sich viele gute Mikroben, die für den Fermentationsprozess wichtig sind, und unter der Schale sind viele Vitamine und Mineralstoffe. Füge Salz hinzu und knete das Gemüse mit sauberen Händen so lange, bis Flüssigkeit austritt.

Tipp:
Es kann etwas dauern, bis Flüssigkeit aus dem Gemüse kommt. Wenn es dir zu anstrengend wird, mache eine Pause und lasse das Salz für ca. 30 Minuten arbeiten. Es entzieht dem Gemüse das Wasser und es wird dann leichter für dich, das Gemüse weiter zu kneten. Wenn das Gemüse trotzdem nur ganz wenig Flüssigkeit abgibt, kannst du ein bisschen Salzwasser hinzufügen, so wie das bei der Laketechnik beschrieben wird.

Meine Erfahrung

Bei der Krauttechnik messe ich das Salz nicht grammgenau ab. Wie hier angegeben, verwende ich als Orientierung 1 EL Salz je Kilogramm Gemüse. Ich beginne beim Einkneten mit einem nicht angehäuften Esslöffel und lasse meine Geschmacksnerven entscheiden, wie viel Salz ich weiter einknete. Es soll salzig, aber nicht versalzen schmecken.

2. Schichte das Gemüse in das Glas

Wenn du das Gemüse in das Glas schichtest, achte darauf, dass wenig Luftlöcher bleiben. Presse es mit deiner Faust oder mit einem Stampfer gut in das Glas. Am besten funktioniert das schichtweise. Die ausgeknetete Flüssigkeit soll an der Oberfläche sein und das Gemüse bedecken. Bedecke und beschwere es mit Glasbeschwerer oder Blätter und Steine (Verweis auf Seite 122/123 – Werkzeuge zum Abdecken und Beschweren). Das Gemüse sollte mit der beim Kneten ausgetretenen Flüssigkeit gut bedeckt sein. Wenn notwendig, etwas Lake zubereiten, wie es bei der Laketechnik beschrieben ist, und darübergießen (3 g Salz je 100 ml Wasser). Verschließe das Glas luftdicht.

Meine Erfahrung

Die passende Gefäßgröße für das Gemüse zu wählen ist gerade am Anfang nicht einfach. Bei der Krautmethode habe ich die Erfahrung gemacht, dass ca. 1 kg Gemüse in ein 1-l-Gefäß passt. Danach richtet sich auch die hier beschriebene Anleitung. Optimal ist es, wenn an der Oberfläche ein ca. drei bis vier Finger breiter Luftraum bleibt.

Tipp:

Wichtig ist, dass du ein ausreichend großes Gefäß wählst. Wenn es zu groß ist, hat viel Sauerstoff darin Platz, wodurch du Schimmelbakterien an der Oberfläche förderst. Das Gefäß sollte aber auch nicht zu klein sein, sonst geht die gute Flüssigkeit während der Fermentation verloren, weil das Glas überschäumt.

3. Der Fermentationsprozess kann beginnen

Stelle das Glas auf ein Backblech oder einen Teller und lasse es bei Zimmertemperatur ohne direkte Sonneneinstrahlung 5–7 Tage fermentieren. Die Fermentationsdauer hängt von vielen Faktoren ab.

Temperatur, Zeit und Ort

Die Milchsäurebakterien mögen es schön warm. Wenn du das Gemüse für die Fermentation starten möchtest, ist es wichtig, ihm einen Platz bei angenehmer Zimmertemperatur zu geben. Ist es zu kalt, vermehren sich die Bakterien nicht schnell genug. Ist es zu warm, bekommen sie Stress. Das merkt man beim Ergebnis vor allem an einem unausgewogenen Verhältnis an Säuren und Aromen.

Tipp:

In einem kuschelig warmen Raum, in dem auch du dich wohlfühlen würdest, werden sich auch die Milchsäurebakterien wohlfühlen.

In einem Glasgefäß, welches du gut sichtbar an einem Ort ohne direkte Sonneneinstrahlung platzierst, kannst du die Arbeit der Milchsäurebakterien in den darauffolgenden Tagen gut beobachten. Wenn die Flüssigkeit zuerst trüb wird und zu schäumen beginnt, ist das ein gutes Zeichen.

Tipp:

Stelle das Gefäß auf einen Teller oder ein Backblech. Es kann durch die Arbeit der Milchsäurebakterien überschäumen.

Mit der Zeit wird die Flüssigkeit wieder ganz klar. Ab wann du das Gemüse kalt stellst und die Mikroben in den Winterschlaf schickst, hängt von mehreren Faktoren ab: Je weicher das Gemüse und je kleiner es geschnitten ist, desto schneller ist es durch. Das ist wie beim Kochen. Je mehr Salz hinzugefügt wurde, desto langsamer verläuft die Fermentation und dauert entsprechend länger. Je wärmer es ist, desto aktiver sind die Mikroben und arbeiten schneller. Es kommt auch auf die Menge an. Je mehr Gemüse du in einem Gefäß fermentierst, desto länger dauert es. Auch das kennst du vielleicht schon vom Kochen. Es gibt auch die Behauptung, dass man sich an der Lake orientieren kann. Sobald die Lake wieder klar geworden ist, ist das Gemüse fertig und man soll es kühler stellen. Meiner Meinung nach ist der wichtigste Faktor der Geschmack. Du entscheidest, wann es dir am besten schmeckt und fertig ist. Dann stellst du es kühler, damit es lange diesen guten Geschmack und die gute Konsistenz behält. Als Orientierung gilt eine Woche bei Zimmertemperatur. Achte dabei auch darauf, dass das Gemüse keiner direkten Sonneneinstrahlung ausgesetzt ist. Ein schattiger Platz in der Küche ist ausreichend. Es müssen keine ganz finsteren Lichtverhältnisse vorherrschen, aber je dunkler es ist, desto besser ist es.

Tipp:

Damit du ein Gefühl dafür bekommst, wie sich welches Gemüse unter welchen Bedingungen verändert, beobachte es gut und probiere es regelmäßig. Mit der Zeit weißt du, wann das Gemüse für dich passt und du es kühler stellen musst, ohne es ständig zu öffnen und Sauerstoff in das Glas zu lassen.

4. Das Gemüse ist fertig

Sobald das Gemüse den gewünschten Geschmack und die passende Konsistenz für dich hat, kannst du es sofort essen oder du stellst es kühler in einen Keller oder Kühlschrank. Damit schickst du die guten Milchsäurebakterien in den Winterschlaf und verhinderst, dass sie weiter so fleißig Säuren produzieren und das Gemüse verändern. Je nachdem, wie kalt du das Gemüse stellst, sind die Mikroben noch mehr oder weniger aktiv.

5. Lagerung

Fermentiertes Gemüse bewahrst du am besten gekühlt in einem Kühlschrank oder Keller und luftdicht verschlossen auf. Dafür kannst du es in dem Gefäß lassen, in welchem du es fermentiert hast. Das hat den Vorteil, dass das Gemüse nicht mit Sauerstoff in Berührung kommt, weil du es nicht öffnest. Du kannst es aber auch in kompaktere Schraubgläser oder andere Gläser umfüllen, die du dann in den Kühlschrank stellst. Wichtig ist, dass du das Gemüse wieder gut in das Glas drückst und es bis oben hin befüllst, sodass nicht viel Sauerstoff im Glas ist. Sobald das Glas halb leer ist und damit halb voll mit Sauerstoff, sollte es in ein kleineres Glas umgefüllt werden, damit weniger Luft vorhanden ist und sich kein Schimmel an der Oberfläche bilden kann. Achte immer darauf, dass das Gemüse mit Lake bedeckt ist. Wenn zu wenig Flüssigkeit im Glas ist, weil sie verdampft ist oder beim Herausnehmen des Gemüses weniger geworden ist, bereite eine Lake zu wie bei der Laketechnik beschrieben und gib sie über das Gemüse (3 g Salz je 100 ml Wasser).

Meine Erfahrung

Bei mir kommt es meist nicht dazu, dass ich das fermentierte Gemüse in ein kleineres Glas umfüllen muss. Entweder esse ich es innerhalb von ein paar Tagen auf oder ich verkoche es und freue mich schon wieder auf das nächste Glas, das ich öffne. Ich achte dabei darauf, dass ich nicht zu viele Gläser auf einmal geöffnet habe.

Tipp:

Öffne deine Behälter mit fermentiertem Gemüse über einem Waschbecken. Sie können überschäumen, weil die Milchsäurebakterien auch CO^2 produzieren. Lagere ein gut verschlossenes Glas mit fermentiertem Inhalt nie warm. Es kann sonst passieren, dass ein Überdruck in dem Glas entsteht und das Glas explodiert.

6. Haltbarkeit

Die Haltbarkeit hängt u. a. vom Gemüse selbst, vom Salzgehalt und von der Lagertemperatur ab. Je kühler es ist, je mehr Salz du hinzugefügt hast, je fester das Gemüse ist und je größer die Gemüsestücke sind, desto länger ist es haltbar. Grundsätzlich kannst du von einer Haltbarkeit von einem Jahr ausgehen. Theoretisch hält fermentiertes Gemüse ewig, da du durch die Fermentation ein funktionierendes Ökosystem im Glas geschaffen hast. Mit der Zeit wird es aber immer saurer und matschiger. Dein Geschmack entscheidet über die Haltbarkeit. Wichtig dabei ist, dass das Gemüse unter der Lake bleibt. Wenn notwendig, bereite etwas Salzwasser zu und gieße sie darüber (3 g Salz je 100 ml Wasser).

Kahmhefe oder Schimmel?

Wenn du auf deinem fermentierten Gemüse eine weiße Schicht entdeckst, gibt es mehrere Gründe dafür und Möglichkeiten, wie du damit umgehen kannst. Das passiert jedem, der fermentiert. Das heißt keinesfalls, dass du kein/e Fermentista bist und nicht weißt, wie man fermentiert. Es heißt nur, dass in diesem Gefäß an der Oberfläche sich nicht die gewünschten Milchsäurebakterien durchsetzen konnten, sondern andere Bakterien oder Hefen. Es kann am Gemüse selbst liegen, an der Temperatur oder Temperaturschwankungen, an Mikroben, die schon im Glas waren, oder daran, dass zu viel Sauerstoff in das Glas gelangt ist durch mehrmaliges Öffnen oder weil das Glas nur halb voll war. Wichtig ist, dass du dich deswegen nicht verurteilst und aufhörst zu fermentieren. Das passiert jedem/-r Fermentista. Sieh dir die weiße Schicht genau an und unterscheide zwischen Kahmhefe und Schimmel.

Kahmhefe verbreitet sich großflächig und netzformartig auf der Oberfläche. Sie ist weiß und riecht stark vergoren nach Hefen. Gesundheitlich ist sie unbedenklich. Geschmacklich verändert sie das Gemüse negativ. Du kannst sie essen, wenn dir der Geschmack nichts ausmacht, oder versuchen, sie aus dem Glas zu entfernen und darunter weiter essen.

Schimmel wächst kreisförmig und bekommt Haare, wenn man genauer hinsieht. Ihn darf man auf keinen Fall essen. Du erkennst Schimmel auch an seinem fauligen Geruch und Geschmack. Wenn es dazu kommt, dass der faulige Geschmack in deinem Mund landet, spucke den Bissen aus und schlucke ihn nicht hinunter. Schimmel gefährdet deine Gesundheit! Auf die Frage, ob man den Schimmel an der Oberfläche einfach entfernen und das Gemüse darunter essen kann, gibt es unterschiedliche Aussagen. Manche sagen, man muss dann das ganze Gefäß weggeben und andere behaupten, man schöpft den Schimmel großzügig ab und kann das Gemüse darunter bedenkenlos essen. Es wäre schade darum, es wegzuschmeißen.

Tipp:

Wenn du Schimmel entdeckst, entferne ihn sofort, damit er sich nicht weiter ausbreiten kann.

Meine Erfahrung

Ich unterscheide zwischen lebendigen und toten Nahrungsmitteln. Gebackenes Brot oder gekochte Marmelade sind tot. Es gibt keine Mikroben, die ihr Revier verteidigen, und der Schimmel kann sich ungehindert verbreiten, bevor er erkannt wird. Das gesamte Lebensmittel muss in den Müll. Verteidigen aber gute Milchsäurebakterien ihr geschaffenes Ökosystem, so wie bei rohem fermentiertem Gemüse, geben diese ihr Revier nicht so einfach auf. Man erkennt das sehr gut in einem Glas, wie weit sich der Schimmel gegenüber den guten Milchsäurebakterien bereits durchgesetzt hat. Schimmel startet an der Oberfläche, wo er Sauerstoff findet und arbeitet sich weiter nach unten. Ich schöpfe das Gemüse bis dahin ab und probiere es darunter. Wenn es mir gut schmeckt, esse ich es. Ich habe danach auch keine gesundheitlichen Beschwerden.

Die Laketechnik

Zutaten:

500 g Gemüse
500 ml Wasser
15 g Salz

Material:

1-l-Glas (Rex Gläser von Müller Glas oder Gläser mit Bügelverschluss)
1 Abdichtungsgummiring passend für das Glas
Abdeckung und Beschwerung (Verweis auf Seite 122/123 – Werkzeuge zum Abdecken und Beschweren)

Tipp:

Kombiniere verschiedene Gemüsesorten in einem Glas. Achte dabei darauf, dass das Gemüse zur gleichen Zeit fertig wird. Sonst kann es passieren, dass eine Sorte Gemüse noch sehr hart ist, während das andere schon zu weich und sauer geworden ist. Nicht nur mit besonderen Gemüsekombinationen bekommst du Vielfalt in deine Fermente, sondern auch mit Gewürzen. Manche Geschmäcker werden sehr intensiv bei der Fermentation wie beispielsweise Knoblauch oder Chili, bei anderen geht der Geschmack fast zur Gänze verloren, wie beispielsweise beim Kren. Gewürze verändern ihren Geschmack und es kann passieren, dass sie dir in fermentierter Form nicht schmecken. Da hilft nur eins: Probieren geht über Studieren. Wenn du neues Gemüse, neue Gewürze oder neue Kombinationen ausprobierst, halte deine Menge zuerst klein. Es kann sein, dass dir ein bestimmtes Gemüse oder ein Gewürz, welches dir grundsätzlich schmeckt, in fermentierter Form nicht mehr schmeckt.

Gute Kombinationen aus meiner Erfahrung in der Laketechnik sind:

Zucchini – Paprika – Zwiebel – Knoblauch
Gurken – Zwiebel – Knoblauch – Dill
Karotten – Kohlrabi – Knoblauch – Chili
Karotten – Knoblauch – Ingwer
Brokkoli – Karfiol
Paprika – Zwiebel – Knoblauch
Rote Rüben – Mai Rüben
Radieschen – Frühlingszwiebeln – Ingwer
Topinambur – Zwiebel – Oregano

» VIDEO
Radieschen
fermentieren

Meine Erfahrung

Sehr gerne verwende ich ganze schwarze Pfefferkörner, Koriandersamen und Lorbeerblätter für einen würzigen Geschmack. Knoblauch und Chili gehören ebenfalls zu meinen Favoriten. Kräuter wie Basilikum, Minze oder Bärlauch bekommen einen starken Eigengeschmack, den man liebt oder hasst. Ich mag ihn nicht gerne, darum mache ich aus diesen Kräutern lieber Pesto mit Salz und gutem Olivenöl. Das hält sehr lange im Kühlschrank, solange man keine Nüsse oder Samen hinzufügt.

1. Bereite das Gemüse vor

Wasche das Gemüse und schneide es nach Belieben in kleine oder große Stücke.

Tipp:

Verwende Bio-Gemüse, dann musst du es in den meisten Fällen nicht schälen. Unter der Schale befinden sich viele Vitalstoffe und auf der Schale sind viele gute Mikroben, die du für die Fermentation brauchst. Durch das Schälen würdest du sie alle verlieren.

2. Bereite die Lake vor

Gib das Salz in das Wasser und löse es darin durch Rühren auf. Je gröber das Salz ist und je kälter das Wasser, desto länger braucht das Salz, bis es sich auflöst.

Meine Erfahrung

Bei der Laketechnik messe ich das Wasser und das Salz auf einer Waage genau ab. Ich verwende lauwarmes Wasser direkt von der Leitung und koche es nicht vorher ab. Bei dieser Anleitung ist die Salzmenge mit 3 % angegeben. Das ist eine gute Orientierung für fast alle Gemüsesorten. Bei weicherem Gemüse wie Gurken oder Zucchini verwende ich einen höheren Salzgehalt von 5 %, da das Salz auch dafür sorgt, dass die Mikroben nicht zu fleißig sind und das Gemüse nicht zu schnell zu matschig wird, was bei weicherem Gemüse schnell passiert. Man findet auch immer wieder Angaben mit nur 2 % Salzgehalt in der Lake oder ungenauere Angaben mit 1 EL je 1 l Wasser. Beim Fermentieren hat jeder seine eigene Methode. Alles, was gut funktioniert, ist richtig. Durch Ausprobieren findest du die passende Methode für dich.

3. Schichte das Gemüse in das Glas

Schichte das Gemüse so in das Glas, dass wenig Luftlöcher dazwischen bleiben. Du kannst dabei bunte Kunstwerke schaffen, wenn du mit Gläsern arbeitest. Bedecke und beschwere es mit Glasbeschwerer oder Blätter und Steine (Verweis auf Seite 122/123 – Werkzeuge zum Abdecken und Beschweren). Gieße die Salzlake über das Gemüse, sodass es gut bedeckt ist und achte dabei darauf, dass das Wasser nicht heiß ist, wenn du es vorher abgekocht hast, sonst sterben die guten Mikroben ab und das Gemüse kann nicht mehr fermentieren. Verschließe das Glas luftdicht.

Tipp:

Schneide das Gemüse in Sticks, die senkrecht in das Glas passen. Lege das Glas beim Einschichten um und befülle es so, dass alle Gemüse-Sticks senkrecht im Glas stehen. Stecke Gewürze deiner Wahl zwischen das Gemüse.

Meine Erfahrung

Die passende Gefäßgröße bei der Laketechnik ist ca. ½ kg Gemüse je 1-l-Gefäß. Ein drei bis vier Zentimeter großer Luftraum an der Oberfläche ist optimal. Wenn ich Blätter und Steine zum Abdecken und Beschweren verwende, gieße ich erst die Flüssigkeit über das Gemüse, bevor ich den Stein darauf gebe. Sonst kann es passieren, dass das Wasser überfließt.

Wie du den Fermentationsprozess startest und wie du das fertig fermentierte Gemüse lagerst, entspricht den Anleitungen der Krauttechnik (siehe Schritt 3–6).

Knoblauchpaste

Zutaten für die Knoblauchpaste:

1 kg geschälter Knoblauch
50 g Salz

Zutaten für die Lake:

100 ml Wasser
3 g Salz

Material:

1,5-l-Glas (Rex Gläser von Müller Glas oder Gläser mit Bügelverschluss)
1 Abdichtungsgummiring passend für das Glas
Abdeckung und Beschwerung (Verweis auf Seite 122/123 – Werkzeuge zum Abdecken und Beschweren)

Tipp:

Eine größere Menge Knoblauch zu schälen ist eine Herausforderung. Die Knoblauchschalen kleben auf den Fingern und alles riecht danach. Am besten funktioniert es, wenn du die ungeschälten Knoblauchzehen für ca. 30 Minuten in kaltem Wasser einweichst, bevor du sie schälst. Bereite dir in dieser Zeit einen gemütlichen Platz zum Schälen vor und nutze die Zeit, während du den Knoblauch schälst, für Gespräche mit deiner Familie und deinen Freunden. Gemeinsam macht das Knoblauchschälen mehr Spaß.

Meine Erfahrung

Ich liebe Knoblauch. Der bleibende Nachgeschmack im Mund, der mich bis zum nächsten Tag begleitet, hat mich bisher jedoch davon abgehalten, Knoblauch zu essen. Durch die Fermentation ist das nicht mehr der Fall. Ich kann Knoblauch essen, wann und wie viel ich möchte. Fermentierter Knoblauch schmeckt viel besser und steht jederzeit im Kühlschrank bereit. Dafür nehme ich mir einmal die Zeit, um den Knoblauch zu fermentieren, und kann für eine lange Zeit mein Essen damit würzen. In meiner Küche ist die fermentierte Knoblauchpaste ein fixer Bestandteil und darf nicht ausgehen.

1. Mixe den Knoblauch

Gib den geschälten Knoblauch und das Salz in einen Mixer und bereite eine Paste daraus zu.

2. Fülle die Paste in das Glas

Wenn du die Knoblauchpaste in das Glas füllst, achte darauf, dass wenig Luftlöcher bleiben. Bedecke und beschwere sie mit Glasbeschwerer oder Blätter und Steine (Verweis auf Seite 122/123 – Werkzeuge zum Abdecken und Beschweren). Bereite etwas Lake aus 100 ml Wasser und 3 g Salz zu und gieße diese darüber, sodass der Knoblauch gut bedeckt ist. Verschließe das Glas luftdicht.

3. Der Fermentationsprozess kann beginnen

Stelle das Glas auf ein Backblech oder einen Teller und lasse es bei Zimmertemperatur ohne direkte Sonneneinstrahlung 14 bis 21 Tage fermentieren. In dieser Zeit kann sich der Knoblauch auch blau und grün färben. Das ist normal. Grund dafür sind schwefelhaltige Stoffe im Knoblauch, die sich bei der Fermentation zersetzen und mit bestimmten Aminosäuren reagieren. Das schadet nicht und schmeckt normal. Im Laufe des Fermentationsprozesses verfärbt sich die Paste wieder und sieht zum Schluss meist beige bis hellbraun aus.

4. Die Knoblauchpaste ist fertig

Sobald die Paste den gewünschten Geschmack erreicht hat, stellst du sie kühler (Keller oder Kühlschrank). Grundsätzlich kannst du von einer Haltbarkeit von einem Jahr ausgehen. Dein Geschmack entscheidet.

gerne portioniert in
sie kühler stelle. Ein
schrank. Es ist nicht
weiter mit Blättern
ei dieser Paste kein
sie regelmäßig für
rd.

Scharfe Paprika-Salsa

Zutaten:

500 g Paprika
250 g Chilis
1 Zwiebel
2 Knoblauchzehen
1 EL Salz

Material:

1-l-Glas (Rex Gläser von Müller Glas oder Gläser mit Bügelverschluss)
1 Abdichtungsgummiring passend für das Glas
Abdeckung und Beschwerung (Verweis auf Seite 122/123 – Werkzeuge zum Abdecken und Beschweren)

Kennst du das, wenn du eine Mahlzeit wie Gulasch oder Chili für mehrere Personen kochst und du kannst es keinem recht machen? Dem einen kann es nicht scharf genug sein, der andere stöhnt bereits bei leichter Schärfe. Meine Lösung ist die fermentierte scharfe Paprika-Salsa. Ich stelle sie einfach auf den Tisch und jeder würzt sich seinen Teller, wie er es möchte. Das Tolle an dieser Salsa ist, dass sie sehr lange hält, auch geöffnet.

1. Bereite das Gemüse vor

Schneide die Paprika vom Strunk und entkerne sie. Hacke die Paprika, die Chili, die Zwiebel und die Knoblauchzehen mit einem Messer oder in einer Küchenmaschine grob. Im Mixer funktioniert das am besten mit einer Intervalltaste. Gib das grob gehackte Gemüse in eine große Schüssel und füge das Salz hinzu.

Tipp:

Ziehe beim Verarbeiten Handschuhe an. Die Schärfe der Chilis bleibt an den Händen und lässt sich auch nicht sofort abwaschen. Wenn du mit den scharfen Händen in deine Augen kommst oder andere Schleimhäute berührst, brennt das stark.

2. Fülle die Salsa in das Glas

Wenn du die Salsa in das Glas füllst, achte dabei darauf, dass wenig Luftlöcher bleiben. Bedecke und beschwere sie mit Glasbeschwerer oder Blätter und Steine (Verweis auf Seite 122/123 – Werkzeuge zum Abdecken und Beschweren). Die Salsa soll mit der ausgetretenen Lake gut bedeckt sein. Verschließe das Glas luftdicht.

3. Der Fermentationsprozess kann beginnen

Stelle das Glas auf ein Backblech und lasse es bei Zimmertemperatur ohne direkte Sonneneinstrahlung 14–21 Tage fermentieren.

4. Die Salsa ist fertig

Sobald die Salsa den gewünschten Geschmack erreicht hat, stellst du sie kühler (Keller oder Kühlschrank). Dadurch wird der Fermentationsprozess gestoppt und die Salsa ist bereit zum Verzehr. Grundsätzlich kannst du von einer Haltbarkeit von einem Jahr ausgehen. Dein Geschmack entscheidet. Wichtig dabei ist, dass das Gemüse unter der Lake bleibt. Wenn notwendig, bereite etwas Salzwasser zu und gieße es darüber (3 g Salz je 100 ml Wasser).

Tipp:

Sei vorsichtig beim Probieren der Salsa, sie kann sehr scharf sein, und warne deine Besucher vor der Schärfe, bevor sie davon kosten.

Salzzitronenpaste

Zutaten:

3 Bio-Zitronen
40 g Salz
Etwas frisch gepresster Zitronensaft

Material:

0,5-l-Glas (Rex Gläser von Müller Glas oder Gläser mit Bügelverschluss)
1 Abdichtungsgummiring passend für das Glas
Abdeckung und Beschwerung (Verweis auf Seite 122/123 – Werkzeuge zum Abdecken und Beschweren)

Meine Erfahrung

Als ich zum ersten Mal Salzzitronen zubereitete, hielt ich mich an das marokkanische Ursprungsrezept und schnitt die Zitronen ein, befüllte sie auf den Schnittstellen mit Salz und drückte sie in ein Glas. Als ich die Zitronen in der Küche zum Würzen verwenden wollte, musste ich immer ein Stück Zitrone aus dem Glas nehmen und einen Teil davon klein hacken, den ich für mein Gericht benötigte. Da mir das im Alltag zu mühsam war, mixte ich die Salzzitronen beim nächsten Mal mit dem Salz zu einer Paste und fermentierte sie auf diese Weise. So kann ich sie beim Kochen gut portionieren, ohne sie davor hacken zu müssen.

Meine Erfahrung

Ich verwende die Zitronenpaste auch in süßen Gerichten wie Muffins oder süßen Aufstrichen in Kombination mit Datteln. Die Säure der Zitronenpaste mit der karamelligen Süße der Datteln harmoniert sehr gut und macht jedes Gericht zu etwas Besonderem.

1. Mixe die Zitronen

Wasche die Zitronen gut, entferne die Kerne und mixe sie mit dem Salz zu einer Paste.

2. Fülle die Zitronenpaste in das Glas

Wenn du die Zitronenpaste in das Glas füllst, achte dabei darauf, dass wenig Luftlöcher bleiben. Bedecke und beschwere sie mit Glasbeschwerer oder Blätter und Steine (Verweis auf Seite 122/123 – Werkzeuge zum Abdecken und Beschweren). Gib etwas frisch gepressten Zitronensaft darüber, damit alles gut bedeckt ist. Verschließe das Glas luftdicht.

3. Der Fermentationsprozess kann beginnen

Stelle das Glas auf ein Backblech und lasse es bei Zimmertemperatur ohne direkte Sonneneinstrahlung ca. 21 Tage fermentieren.

4. Die Zitronenpaste ist fertig

Sobald die Zitronenpaste den gewünschten Geschmack erreicht hat, stelle sie kühler (Keller oder Kühlschrank). Grundsätzlich kannst du von einer Haltbarkeit von einem Jahr ausgehen. Dein Geschmack entscheidet.

Tipp:

Die Paste bringt zitronige Frische in jeden Hummus oder anderen Aufstrich. Sie macht sich gut in Salatdressings und eignet sich zum Würzen von Fisch.

Fermentiertes Gemüse ...

... hat einen höheren Anteil an Vitalstoffen.

Es enthält mehr Vitalstoffe als frisches Gemüse, da es regional und reif geerntet und sofort verarbeitet werden kann, wobei sich der Nährstoffgehalt weiter erhöht. Auch wenn welche davon kaputtgehen, sind mehr davon enthalten als in industriellem Transport- und Lagergemüse.

... ist leichter verdaulich.

Viele gute Mikroben verdauen das Gemüse für uns vor. So können wir die enthaltenen Nährstoffe besser aufnehmen.

... ist essfertig.

Es ist jederzeit bereit für den Einsatz in der Küche und muss nicht noch vorher gewaschen und vorbereitet werden.

... enthält keine Gifte und Antinährstoffe.

Durch den Fermentationsprozess werden im Gemüse enthaltene Gifte und Antinährstoffe abgebaut.

... ersetzt das Salz beim Kochen.

Die Säure von fermentiertem Gemüse ersetzt die Zugabe von Salz.

... ist nachhaltig.

Regional geerntetes Gemüse ist durch die Fermentation das ganze Jahr über verfügbar und bietet eine größere Auswahl als im Supermarkt!

... verwöhnt den Gaumen.

Durch die Fermentation erhält man Geschmacksaromen, bei denen chemische Geschmacksverstärker nicht mithalten können!

... ist vielseitig.

Lass dich von den Rezeptideen inspirieren und werde selbst kreativ.

Am wertvollsten ist fermentiertes Gemüse jedoch in roher Form mit all seinen Vitalstoffen und lebendigen Mikroben.

Fermentiertes Gemüse eignet sich sehr gut für die schnelle Küche. Es muss nicht mehr extra verarbeitet oder zubereitet werden, sondern wartet einfach im Kühlschrank auf seinen Einsatz!

Darf man jedoch fermentiertes Gemüse überhaupt erhitzen? Da werden ja wertvolle Vitalstoffe kaputt und die Mikroben sterben ab.

Das stimmt natürlich. Beim Erhitzen gehen immer wertvolle Vitalstoffe kaputt. Das ist auch der Fall bei frischem Gemüse. Frisch geerntet und fermentiert hat das Gemüse jedoch viel mehr davon, als wenn es unreif geerntet werden muss, damit es dann lange transportiert und gelagert werden kann, bevor es im Kochtopf landet. Und was die Mikroben angeht, auch diese sterben beim Erhitzen ab. Es macht daher Sinn, darauf zu achten, fermentiertes Gemüse immer erst zum Schluss der Kochzeit hinzuzufügen oder überhaupt erst am Teller unterzumischen. Aber auch wenn das fermentierte Gemüse gekocht wird, hat es noch viele Vorteile.

Allgemeine Rezeptideen

Patty

Ob mit Fleisch, vegetarisch oder vegan – mit fermentiertem Gemüse schmeckt kein Patty langweilig. Besonders gut eignet sich Gemüse dafür, das in der Krauttechnik mit Zwiebeln fermentiert wurde.

Burger

Es gibt nichts Besseres als ein Burger-Brötchen gefüllt mit einem würzigen Patty, süß-saurem Kombucha-Chutney, fermentiertem Nussfrischkäse, frischem Blattgemüse, Sprossen und fermentiertem Gemüse.

Tipp:

Bestreiche deine Burger-Brötchen mit fermentierter Knoblauchpaste oder fermentierter Paprika-Salsa.

Rösti

Gekochtes Getreide oder eingeweichte Haferflocken vermischt mit Eiern und fermentiertem „Kraut"-Gemüse ergibt eine tolle Masse für Röstis mit viel Geschmack. Dafür einfach jeweils einen Esslöffel von der Masse in eine beschichtete heiße Pfanne geben und beidseitig ausbacken.

Tipp:

Serviere die Röstis mit fermentiertem Gemüse, glasierten Zwiebeln und Püree aus Kartoffeln, Gemüse oder Hülsenfrüchten.

Pizza

Fermentiertes Gemüse eignet sich auch gut als Pizzabelag. Entweder man backt es unter dem Käse mit oder verteilt es erst nach dem Backen auf der Pizza – oder beides.

Omelett

Omeletts können ganz schnell und einfach mit fermentiertem Gemüse gefüllt werden und haben damit immer einen guten Geschmack.

Frittata

Auch in Frittatas macht sich fermentiertes Gemüse besonders gut. Zwiebeln und Kartoffeln in etwas Öl in einer beschichteten Pfanne anbraten. Eier verrühren, mit fermentiertem Gemüse und Käse in die Pfanne geben und die Masse stocken lassen.

Salat

Fermentiertes Gemüse kann alleine als Salat serviert werden oder mit frischem Gemüse, frischen Kräutern oder anderem Blattgrün vermischt werden. Das frische Gemüse bekommt damit einen guten Geschmack und die Säure des fermentierten Gemüses kann etwas gemildert werden.

Ofengemüse

Frisches, im Ofen süßlich gebackenes Gemüse mit wärmenden Gewürzen und fermentiertem Gemüse serviert schmeckt herrlich.

Nudelpfanne

Nudeln nach Packungsanleitung kochen. Frisches Gemüse in einer Pfanne süßlich anrösten und mit gewünschten Zutaten (Eier, Käse, Tofu, Hülsenfrüchte ...) ergänzen. Zum Schluss das fermentierte Gemüse und die Nudeln daruntermischen oder dazu servieren.

Suppe, Eintopf und Curry

Hat man einmal Suppen, Eintöpfe und Curries mit fermentiertem Gemüse oder dessen Lake gewürzt oder es dazu serviert, möchte man sie nicht mehr ohne essen.

Couscous

Fermentiertes „Lake"-Gemüse eignet sich gut für Couscous-Salate. Dafür das fermentierte Gemüse klein schneiden und mit frischem oder gebackenem Gemüse ergänzen. Den Couscous roh mit der Lake vermischen, einen Tag quellen lassen und mit dem Gemüse vermischen. Der Couscous muss nicht vorher gekocht werden. Es reicht, wenn er in der Lake aufquellen kann.

Tipp:

Mit der Lake von buntem Gemüse wie beispielsweise Rote Rüben oder Radieschen kannst du bunten Couscous zubereiten.

Aufstrich

Fermentiertes Gemüse oder Lake bringt in jeden Aufstrich die gewünschte Würze und Säure. Einfach daruntermischen oder mixen. Du kannst geröstete Sonnenblumenkerne als Basis für Aufstriche verwenden oder in Lake gequollene Nüsse, Kerne und Samen.

Müsli

Für Müslis eignet sich fermentiertes Gemüse, das nicht zu würzig schmeckt wie beispielsweise fermentiertes Karotten-Kraut. Mische es unter das Müsli und garniere es mit frischem Obst, Nüssen, Joghurt und Honig. Lass dich von der erfrischenden Note durch das fermentierte Gemüse im Müsli überraschen.

Wie du siehst, ist fermentiertes Gemüse vielseitig, vereinfacht das Kochen und bringt die volle Portion an Nährstoffen und Geschmack auf den Teller!

Muffins und Kuchen

Wie beim Müsli, verwende ich auch in Muffins und Kuchen nur fermentiertes Gemüse, das nicht zu würzig schmeckt, wie fermentiertes Karotten-Kraut. Es gibt dem Muffin- oder Kuchenteig die richtige Kombination von süß und sauer.

French Toast

French Toast muss nicht immer süß sein. Du kannst ihn auch pikant mit Käse, Zwiebeln und Gewürzen zubereiten und dazu fermentiertes Gemüse servieren.

Tipp:

Für French Toast muss das Brot nicht frisch sein. Du kannst auch älteres Brot dafür verwenden, welches sonst im Müll landen oder verderben würde.

Eier

Fermentiertes Gemüse passt zu jeder Form von Eiern – zu Rührei, Spiegelei, gekochtem Ei, weichem Ei …

Käse

Eine ganz schnelle, einfache, würzige und saftige Jause: Vollkornbrot mit gutem Käse, Apfelspalten und fermentiertem Gemüse.

Gut zu wissen!

Sauerkraut schützt vor Krebs

Bei der Fermentation von Kraut werden sekundäre Pflanzenstoffe (Glucosinolate) in die Verbindungen Isothiocyanate und Indol-3-Carbinol aufgespalten, diese können vor bestimmten Krebsarten schützen.

Kimchi hat viele nachgewiesene gesundheitliche Vorteile

Kimchi ist fermentierter Chinakohl. Er wird traditionell auch heute noch in großen Mengen in Korea hergestellt und darf dort bei keiner Mahlzeit fehlen. Wer einmal gedämpften Reis mit Kimchi probiert hat, kann gut verstehen, warum die Koreaner so viel Wert auf Kimchi legen. Es ist sehr köstlich und hat viele gesundheitlich positive Eigenschaften, die bereits in Studien nachgewiesen wurden. Koreanische Haushalte besitzen üblicherweise einen eigenen Kimchi-Kühlschrank, nur für die Lagerung von Kimchi, um die ganze Familie über das Jahr mit ausreichend Kimchi zu versorgen. Über Kimchi gibt es mehr Studien als über anderes fermentiertes Gemüse. Die Milchsäurebakterien, die bei der Kimchi-Fermentation aktiv sind, wirken probiotisch wie Joghurt. Dazu kommt die gesundheitlich positive Wirkung von Knoblauch, Ingwer und Chili, die Teil jedes Kimchis sind. Kimchi wirkt nachweislich gegen Krebs und Adipositas, fördert die Darmgesundheit und senkt den Cholesterinspiegel, wirkt antioxidativ und hat Anti-Aging-Eigenschaften, ist gut für das Gehirn und die Haut und stärkt das Immunsystem.

Kombucha

Kombucha ist ein fermentiertes Teegetränk, das dem Körper hilft, sich selbst zu heilen. Es erfrischt, schmeckt süß-säuerlich, entgiftet und bringt den Stoffwechsel in Schwung. Du brauchst dafür nur echten Tee, Zucker, einen Scoby als Starterkultur, Liebe und Zeit. Vermutlich stammt Kombucha aus Asien, wo er schon seit über 2500 Jahren wegen seiner gesundheitsfördernden Wirkungen getrunken wurde.

Meine Erfahrung:

Auch Kaffee enthält die Nährstoffe, welche die Kombucha-Kultur benötigt. Daher stelle ich mit einer meiner Kulturen Kaffeekombucha her. Dafür verwende ich Filterkaffe aus frisch gemahlenem Fair-Trade-Bio-Kaffee, regionalen Bio-Rübenzucker und immer dieselbe Kombucha-Kultur. Diese Kultur produziert nur meinen Kaffeekombucha, da sie den Geschmack meines Teekombuchas verändern würde und sich braun gefärbt hat. Kaffeekombucha schmeckt süß-säuerlich erfrischend nach Kaffee. Ein belebendes Geschmackserlebnis, das mit nichts anderem zu vergleichen ist.

Im Laufe der Zeit hat er aufgrund seiner positiven Wirkungen auf die Gesundheit viele Namen bekommen wie beispielsweise Heldenpilz, Zauberpilz oder Wunderpilz. Diese Namen bekam er aufgrund seiner Ähnlichkeit mit einem großen schwimmenden Pilz. Unzählig viele gute Bakterien und Hefen, die in der Kombucha-Kultur zu finden sind und die aus dem zugegebenen Zucker wertvolle Vitalstoffe und Säuren produzieren, machen ihn zu einem wunderbaren prickelnden und erfrischenden Getränk, das man im Alltag nicht mehr missen möchte, wenn man einmal auf den Geschmack gekommen ist und seine Wirkung spüren durfte.

Auch wenn der Kombucha immer wieder als Zaubergetränk, Allheilmittel oder Mittel für die Unsterblichkeit bezeichnet wird, dürfen seine Fähigkeiten nicht überschätzt werden. Er ist kein Freibrief für eine ungesunde Lebensweise, sondern eine gute Ergänzung für einen ganzheitlich gesunden Lebensstil, der neben ausreichend Schlaf, Bewegung und gesunder Ernährung für ein Leben mit gesundem Genuss, Lebensenergie und Freude im Alltag sorgt.

Warum Kombucha?

Kombucha …

- ist eine gesunde, zuckerarme und erfrischende Alternative zu ungesunden, zuckerhaltigen Softdrinks.
- ist erfrischend und belebend.
- ist reich an Vitaminen und Mineralstoffen.
- bringt die Darmflora ins Gleichgewicht.
- ist eine günstige und geschmackvolle Alternative zu gekauften Getränken.

Tee

Ursprünglich wurde als Basis für den Kombucha nur schwarzer Tee verwendet. Es sind aber auch andere Teesorten möglich, die von der Teepflanze *Camellia sinensis* stammen. Das sind etwa auch grüner oder weißer Tee. Nur echter Tee von der Teepflanze enthält die richtigen Nährstoffe für die Kombucha-Fermentation: Stickstoff, Theanin und Koffein.

Tipp:

Probiere unterschiedliche Teesorten aus, um deinen Lieblingskombucha zu entdecken. Verwende aber keine aromatisierten Teesorten. Sie enthalten oft Öle oder Chemikalien, die den Fermentationsprozess negativ beeinflussen. Auch Kräutertees mit antibakterieller Wirkung, wie beispielsweise Minze oder Ingwer, können die Kombucha-Organismen schädigen. Diese sind für die Zweitfermentation ohne Kombucha-Kultur geeignet.

Scoby = Symbiotic culture of bacteria and yeasts (symbiotische Kultur von Bakterien und Hefen)

Scoby

Der Scoby ist die Starterkultur des Kombuchas, die das Zuhause von Millionen von Bakterien und Hefen in einer gummiartigen Scheibe bildet, die darin in Symbiose leben und sich gegenseitig unterstützen. Die Kombucha-Kultur wird auch Kombucha-Pilz, Kombucha-Qualle oder eben einfach Scoby genannt. Die feste Struktur bekommt die Kultur durch Zellulose bzw. Ballaststoffe, die von den Bakterien produziert werden. Meist schwimmt der Scoby an der Oberfläche, passt sich daran an und deckt den Tee ab. Er bildet sich Schicht für Schicht aus und wird immer dicker. Zwischen den einzelnen Schichten ist es möglich, ihn zu teilen, um ihn auf zwei Gefäße aufteilen zu können oder weiter in einem Gefäß zu behalten. Je mehr Kulturen in einem Gefäß sind, bzw. je dicker die Kultur ist, desto schneller wird der Kombucha sauer. Der Scoby kann auch zu Boden sinken. Dann bildet sich ein neuer Scoby an der Oberfläche. Kombucha-Neulinge verwechseln diese neue Schicht gerne mit einem Schimmel. Schimmel wächst jedoch kreisförmig und bekommt kleine Haare, wodurch er pelzig wirkt. Im Vergleich dazu, bildet sich ein neuer Scoby über der ganzen Oberfläche aus. Zuerst ist er hauchdünn und wird im Laufe der Zeit immer dicker, sodass man ihn gut anfassen und herausnehmen kann.

Tipp:

Hast du bereits mehrere Scobys? Dann kannst du mit verschiedenen Tee- und Zuckersorten experimentieren und deinen Lieblingskombucha mit deiner ganz persönlichen Geschmacksnote entdecken. Füttere aber immer einen Scoby wie gewohnt, damit du immer eine Kultur für die Weiterverwendung hast, falls etwas schiefgeht bei deinen Experimenten.

Zucker

Die Zugabe von Zucker ist wichtig für die Mikroben. Sie ernähren sich davon und produzieren daraus Vitamine, Mineralstoffe und organische Säuren, die sich positiv auf unsere Gesundheit auswirken. Im fertigen Kombucha ist nur noch ganz wenig Zucker enthalten. Wie viel Restzucker im fertigen Kombucha enthalten ist, hängt vor allem von der zugegebenen Zuckermenge, der Fermentationszeit, der Größe der Kombucha-Kultur und der Temperatur ab. Mit einem Hydrometer kann man den Zuckergehalt bestimmen oder einfach seine Geschmacksnerven als Messwerkzeug verwenden. Je saurer er ist, desto weniger Zucker ist enthalten. Mit der Zeit entwickelt man ein gutes Gefühl dafür, wann einem der Kombucha am besten schmeckt und guttut. Der Restzucker im Kombucha wird von unserem Körper besser verarbeitet als Zucker aus herkömmlichen Softdrinks. Grund dafür sind die lebendigen Mikroben aus dem Kombucha, die mitgetrunken werden und uns beim Verstoffwechseln des Zuckers helfen.

Geeignet sind alle Zuckerarten, die Kohlenhydrate enthalten, wie weißer Rübenzucker, Vollrohrzucker, Rohrohrzucker, Kokosblütenzucker oder Ahornsirup. Nicht geeignet sind Zuckeraustauschstoffe und Süßstoffe wie Xylit oder Stevia, die keine Kohlenhydrate enthalten. Die Mikroben verhungern ohne Kohlenhydrate.

Honig ist möglich, wenn der Scoby daran gewöhnt ist. Ein Scoby der noch nie mit Honig in Kontakt gekommen ist, kommt mit der antibakteriellen Wirkung des Honigs möglicherweise nicht zurecht. Einen Kombucha, der mit Honig gefüttert wurde, nennt man auch Jun-Kombucha.

Tipp:

Schmeckt dein Kombucha sauer wie Essig, verwende ihn als Essig in deinem Salat. Er enthält dann keinen Restzucker mehr.

Meine Erfahrung:

Ich bereite mir aus zu saurem Kombucha ein Dressing mit Sirup und Leinöl zu, welches ich immer griffbereit in meinem Kühlschrank habe. Mein Salat ist damit im Alltag schnell angerichtet und schmeckt so gut, dass kein Dressing übrig bleibt.

Tipp:

Ziehe deinen eigenen Scoby für Jun-Kombucha groß, indem du schrittweise den Zucker mit Honig austauschst. Ersetze nicht sofort den Zucker zur Gänze mit Honig. Die Kultur braucht Zeit, um sich an die antibakteriell wirkenden Stoffe im Honig zu gewöhnen.

Sauerstoff

Die Kombucha-Bakterien benötigen für ihre Arbeit Sauerstoff. Daher dürfen sie nur mit einem Tuch oder Ähnlichem abgedeckt werden, damit kein Staub oder Mücken in den Kombucha gelangen.

Kein Metall

Achte darauf, dass du keine Metallgefäße oder Werkzeuge für die Kombucha-Herstellung verwendest. Das Problem ist nicht das Metall selbst, sondern dass das Metall mit der Säure des Kombuchas reagieren kann und die Kultur dadurch kaputtgehen kann. Gefäße und Werkzeuge aus Edelstahl sind möglich, da Edelstahl nicht mit der Säure reagiert.

Tipp:

Zum Herausnehmen deines Scobys verwende keinen Esslöffel, sondern nimm ihn einfach mit sauberen Händen aus dem Gefäß.

Gefäße und Flaschen aus Glas

Am besten eignen sich für die Kombucha-Herstellung Glasgefäße und Glasflaschen. Plastik enthält gesundheitsschädliche Weichmacher, die sich durch die Säure des Kombuchas lösen können und in das Getränk übergehen.

Gefäße für die 1te Kombucha-Fermentation

Für die 1te Kombucha-Fermentation benötigst du ein Gefäß mit einer breiten Öffnung, welches du mit einem Tuch und einem Gummiring so abdecken kannst, dass Sauerstoff in das Gefäß gelangt, aber kein Schmutz oder Staub. Je breiter die Öffnung des Gefäßes ist, desto besser ist es, da die Kombucha-Kultur über eine größere Oberfläche Sauerstoff aufnehmen kann.

Tipp:

Glasgefäße mit einem Zapfhahn aus Edelstahl eignen sich gut für die 1te Kombucha-Fermentation. So kannst du den fertigen Kombucha abfüllen, ohne die Hefen aufzuwirbeln, die sich am Boden gesammelt haben, und den Geschmack und das Prickeln deines Kombuchas damit besser kontrollieren.

Meine Erfahrung:

Ich verwende bei der zweiten Fermentation gerne Obst, Gemüse und Kräuter für eine Geschmacks- und Farbvielfalt. Diese lassen sich in Flaschen mit Schraubverschluss und breiterer Öffnung besser hinzufügen und entnehmen. Ich achte immer auf den Flaschendruck und lüfte sie regelmäßig, indem ich sie zwei Mal täglich ganz kurz über einem Waschbecken öffne, solange ich sie bei Zimmertemperatur lagere. Im Kühlschrank ist das nicht mehr notwendig.

Gefäße für die 2te Kombucha-Fermentation

Bei der 2ten Kombucha-Fermentation wird kein Sauerstoff benötigt. Daher sind Glasflaschen, die luftdicht verschlossen werden können, gut geeignet dafür. Trüb- und Schleimstoffe im Kombucha kannst du mit einem feinen Sieb und einem Tuch entfernen, bevor du den Kombucha in Flaschen füllst. Das ist nicht notwendig, sorgt aber für ein besseres Trinkerlebnis. Sei dir jedoch bewusst, dass du damit gute Mikroben abfilterst und sich immer wieder neue Trüb- und Schleimstoffe in der Flasche bilden werden. Das ist ein Qualitätsmerkmal für lebendigen Kombucha. Zum Befüllen der Flaschen ist auch ein Trichter sehr hilfreich. Gereinigt werden können Flaschen mit Flaschenbürsten und heißem Wasser.

Tipp:

Bei der zweiten Fermentation produziert der Kombucha Kohlendioxid, wodurch ein Druck in der Flasche entsteht. Glasflaschen mit Gummidichtung wie die Rex Gläser von Müller Glas gleichen den Druck besser aus als Flaschen mit Schraubverschluss.

Messwerkzeuge

Für die Bestimmung des pH-Wertes gibt es eigene pH-Wert-Messgeräte oder pH-Streifen. Der pH-Wert des Kombuchas liegt bei ca. 3. Bei frisch angesetztem Kombucha ist er etwas höher und bei lang fermentiertem Kombucha ist er niedriger. Den Restzuckergehalt kannst du mit einem Hydrometer bestimmen. Er bestimmt das spezifische Gewicht einer Flüssigkeit. Das spezifische Gewicht ist das Verhältnis der Dichte der Flüssigkeit zur Dichte von Wasser und sagt aus, ob noch unfermentierter Zucker vorhanden ist.

Die Kombucha-Herstellung funktioniert in zwei Schritten. Das sind die 1te Fermentation mit Scoby und die 2te Fermentation ohne Scoby. Grundsätzlich ist der Kombucha nach der 1ten Fermentation bereit zum Trinken. Mit der 2ten Fermentation kannst du ihm besondere Geschmacksnoten und Farben verleihen. Auch die Kohlendioxidproduktion wird in der 2ten Fermentation angekurbelt, wodurch das Getränk sein Prickeln bekommt. Grund dafür sind die im Kombucha enthaltenen Hefen, die bei Sauerstoffabschluss arbeiten und Kohlendioxid erzeugen.

Grundanleitung: 1te Fermentation

Zutaten für 1 l Kombucha:

1 l Wasser
80 g Zucker
8 g schwarzer, grüner oder weißer Tee
150 ml Ansatzflüssigkeit = fertiger Kombucha
1 Kombucha Scoby

Material:

1,5-l-Glas oder Kanne
Abdecktuch oder Küchenrolle und Gummiring

1. Koche den Tee

Erhitze 300 ml Wasser auf 80 °C und lasse den Tee 8 Minuten darin ziehen. Gieße den Tee ab und löse den Zucker darin auf, bevor du ihn mit 700 ml kaltem Wasser auffüllst und gut durchrührst. Dadurch löst sich der Zucker schneller auf, wird durch das kalte Wasser ausgekühlt und ist sofort bereit für den Kombucha-Ansatz.

Tipp:

Einfach zu merken ist: Für 1 l Kombucha erhitze 1 l Wasser auf 80 °C, nimm 8 g Tee, füge 80 g Zucker hinzu und lasse den Tee 8 Minuten im Wasser ziehen.

2. Fermentiere den Tee

Probiere, ob der Tee ausgekühlt ist. Gib die Ansatzflüssigkeit zum ausgekühlten Tee und vermische die Flüssigkeiten gut miteinander. Lege den Kombucha-Scoby behutsam in das Gefäß und decke es mit einem Tuch und Gummiring ab. Damit bekommt der Kombucha bei seiner Arbeit keine unerwünschten Besucher (Fliegen, Staub usw.), aber genügend Sauerstoff. Bei der 1ten Fermentation sind vor allem die Bakterien im Kombucha aktiv, die auch die Zellulose des Scobys produzieren und Sauerstoff für ihre Arbeit benötigen. Es ist wichtig, fertigen Kombucha als Ansatzflüssigkeit hinzuzufügen, um die Kombucha-Kultur dabei zu unterstützen, dass sie sich von Anfang an in dem neuen Ansatz wohlfühlt und sich gegen andere Mikroben durchsetzen kann. Dafür braucht sie ein saures Milieu.

Tipp:

Je saurer deine Ansatzflüssigkeit ist, desto weniger brauchst du davon für deinen neuen Kombucha-Ansatz. Bei richtig saurem Kombucha reichen 10 %. Das sind 100 ml auf 1 l Tee.

Temperatur, Zeit und Ort

Der Kombucha benötigt Zimmertemperatur und verträgt keine direkte Sonne. Die Fensterbank wäre keine gute Idee für das Kombucha-Gefäß. Die Fermentationsdauer liegt bei 4–14 Tagen und richtet sich nach dem persönlichen Geschmack, der Zusammensetzung des Kombucha-Ansatzes und der Temperatur. Je länger der Kombucha fermentiert, je größer der Kombucha-Scoby ist und je wärmer es ist, desto aktiver sind die Mikroben und desto schneller wird er sauer. Möchtest du süßeren Kombucha, weil er dir so besser schmeckt oder du ihn für deine Familie zubereitest, die ihn lieber süßer trinkt, dann lasse ihn nicht zu lange fermentieren, achte darauf, dass dein Scoby nicht zu dick ist, oder stelle ihn kühler.

Tipp:

Probiere deinen Kombucha. Sobald er den gewünschten Geschmack erreicht hat, ist er fertig und bereit zum Trinken, Weiterverarbeiten oder für die 2te Fermentation.

Meine Erfahrung

Sehr oft kommt es vor, dass ich die Zeit übersehe und mein Kombucha zu sauer wurde. Diesen verwende ich dann als Essig für mein Salatdressing, strecke ihn bei der zweiten Fermentation mit gesüßtem Tee oder bewahre ihn in Flaschen auf als saure Ansatzflüssigkeit für meine nächsten Kombucha-Ansätze.

Geschmack, Farbe und Prickeln bekommst du mit einer 2ten Fermentation in den Kombucha.

2te Fermentation

Zutaten:

1 l fertiger Kombucha aus der 1ten Fermentation

Optional:

300 ml Früchte- oder Kräutertee
10–20 g Zucker
Aromen nach Geschmack (Früchte, Kräuter, Gewürze …)

Material:

1–1,5-l Flaschen (Rex Flaschen von Müller Glas, Flaschen mit Schraubverschluss oder mit Bügelverschluss)

Tipp:

Wenn du Zucker in deiner Ernährung meidest und auch deinen Kombucha ohne Restzucker genießen möchtest, fermentiere ihn in der 1ten Fermentation lange genug, sodass seine Süße verschwunden ist. Wenn du ihn dann mit ungesüßtem und ausgekühltem Tee verdünnst, bekommst du ein zuckerfreies und belebendes Erfrischungsgetränk.

1. Koche den Tee (optional)

Vor allem, wenn dein Kombucha aus der 1ten Fermentation sehr sauer ist, empfehle ich etwas gesüßten Tee zum Verdünnen zu kochen. Hat der Kombucha bereits ein gutes Verhältnis von süß und sauer, ist das nicht notwendig. In der 2ten Fermentation wird kein Scoby hinzugefügt und du kannst dich mit deinen Lieblingsteesorten austoben. Die Intensität, Süße und Menge des Tees richten sich nach deinem persönlichen Geschmack. Wichtig ist, dass der Tee Zimmertemperatur hat, bevor er weiterverwendet wird. Je mehr Zucker du bei der 2ten Fermentation hinzufügst, desto mehr Kohlensäure bekommst du in deinen Kombucha.

ABER ACHTUNG: Auch die Gefahr von Überdruck in der Flasche wird größer. Denn jetzt werden die Hefen aktiv, die keinen Sauerstoff brauchen und Kohlendioxid produzieren.

2. Fermentiere den Kombucha ein zweites Mal

Wenn du für deine 2te Kombucha-Fermentation Tee gekocht hast, probiere, ob der Tee ausgekühlt ist, und vermenge ihn mit dem Kombucha aus der 1ten Fermentation. Fülle den mit Tee verdünnten oder puren Kombucha in Flaschen ab und füge Früchte, Kräuter oder andere Aromen nach deinem persönlichen Geschmack hinzu.

Temperatur, Zeit und Ort

Verschließe die Flaschen luftdicht und stelle sie für 1–2 Tage an einen Ort bei Zimmertemperatur ohne direkte Sonneneinstrahlung. Solange der Kombucha bei warmer Temperatur luftdicht verschlossen fermentiert, wird Kohlendioxid gebildet, wodurch der Kombucha schön prickelnd wird.

ABER ACHTUNG: Es kann auch ein Überdruck in der Flasche entstehen und er kann beim Öffnen überschäumen oder sogar explodieren. Lüfte die Flasche zwei Mal täglich über einem Waschbecken, solange du sie bei Zimmertemperatur aufbewahrst. Je wärmer es ist und je mehr Zucker die Hefen während der 2ten Fermentation vorfinden, desto mehr Kohlendioxid produzieren sie. Im Kühlschrank werden die Hefen inaktiver und ein regelmäßiges Lüften ist nicht mehr notwendig.

Tipp:

Du kannst den Kombucha aus der 1ten Fermentation auch einfach mit etwas Wasser oder Zuckerwasser verdünnen, wenn er zu sauer ist, und die Aromen für die 2te Fermentation hinzufügen. Setze deiner Kreativität dabei keine Grenzen und lass dich von der Natur inspirieren.

3. Kühle und genieße deinen fertigen Kombucha

Die 2te Fermentation ist abgeschlossen, wenn der Kombucha den gewünschten Geschmack erreicht hat. Jetzt gibt es nur mehr eines zu tun: Kühlen und genießen. Ob die bei der 2ten Fermentation zugefügten Aromen bei der anschließend kühlen Lagerung im Kombucha bleiben, ist Geschmacksache und eine Frage der geplanten Lagerdauer.

Meine Erfahrung

Die hinzugefügten Aromen sind sehr schnell vom Kombucha aufgenommen und haben keinen Geschmack mehr. Wenn ich den Kombucha für längere Zeit lagern möchte, entferne ich die Aromen, da sie sonst während der Lagerung den Geschmack zum Schlechteren verändern. Ich serviere ihn dann gerne mit frischen Kräutern. Das sieht besser aus und schmeckt besser. Oft trinke ich den Kombucha auch in kurzer Zeit aus. Dann mache ich mir nicht die Mühe, die Aromen aus der 2ten Fermentation zu entfernen.

Lagerung

Wenn dein Kombucha nach der 1ten oder 2ten Fermentation den gewünschten Geschmack erreicht hat, stelle ihn in den Kühlschrank. Solange du deinen Kombucha warm lagerst, sind die Mikroben sehr aktiv und produzieren Säuren und auch Kohlensäure, wodurch dein Kombucha zwar nicht schlecht wird, aber immer saurer schmeckt und ein Überdruck in der Flasche entstehen kann, die Flasche sogar explodieren und großen Schaden anrichten kann. Der Druckaufbau im Glasbehälter lässt sich nur schwer einschätzen. Er muss regelmäßig überprüft werden. Bei einer kühlen Lagerung ist das nicht mehr notwendig.

Haltbarkeit

Die Haltbarkeit des Kombuchas ist Geschmackssache. Auch bei einer kühlen Lagerung sind die Mikroben ein wenig aktiv und verändern den Geschmack weiter. Er verdirbt dadurch nicht, wird aber immer saurer. Die lebendigen Mikroben sorgen dafür, dass das Getränk lange haltbar ist. Die Kombucha-Qualität muss nicht durch andere Haltbarmachungsmethoden wie beispielsweise Pasteurisierung beeinträchtigt werden.

Tipp:

Wenn du deinen Kombucha nicht selbst brauen möchtest, schau auf meine Webseite www.fermentista.at. Dort findest du mein Angebot für traditionell gebrauten, lebendigen Bio Kombucha.

Meine Erfahrung

Nach einem Monat Lagerung im Keller bei ca. 15 °C hat mein Kombucha ein besonders fruchtiges Aroma bekommen und er hat mir sogar noch besser geschmeckt. Nach ca. einem halben Jahr im Keller schmeckte er schon saurer, aber immer noch gut genießbar. Im Kühlschrank verändert sich der Kombucha fast nicht und ist sehr lange haltbar. Für die Haltbarkeit macht es dabei keinen Unterschied, ob der Kombucha zwischendurch geöffnet wird. Er bekommt immer wieder ein erfrischendes Prickeln, weil er lebendig ist. Er verliert diese Eigenschaft nicht, wenn er einmal geöffnet worden ist, so wie das bei anderen Softdrinks der Fall ist.

Häufig gestellte Fragen zu Kombucha

Wie bekomme ich ein Prickeln in den Kombucha?

Für ein leckeres Prickeln im Kombucha braucht es Kohlensäure. Diese wird von den Hefen produziert, welche unter Sauerstoffabschluss arbeiten, was in der 2ten Fermentation der Fall ist. Hefen lagern sich am Gefäßboden ab und bilden dort eine weiße Schicht. Wenn du mehr Kohlensäure in deinem Kombucha haben möchtest, achte darauf, die abgelagerten Hefen in die Flaschen für die 2te Fermentation zu füllen. Wichtig ist auch, dass die Hefen noch einen Restzucker aus der 1ten Fermentation vorfinden oder du für die 2te Fermentation neuen Zucker hinzufügst.

ABER ACHTUNG! Es kann dadurch ein Überdruck in der Flasche entstehen. Vor allem dann, wenn die Hefen noch viel Zucker vorfinden und es schön warm haben. Die Flasche muss bei Zimmertemperatur regelmäßig gelüftet werden. Am besten über einem Waschbecken, da sie überschäumen kann. Im Kühlschrank werden die Hefen inaktiver und die Gefahr von Überdruck geht gegen Null.

Wie bekomme ich einen zweiten Kombucha-Scoby?

Die Kombucha-Zellulose für den Scoby wird durch die Bakterien im Kombucha produziert, die Sauerstoff benötigen und in der Kultur zuhause sind. Daher bildet sich ein neuer Scoby grundsätzlich bei der 1ten Fermentation aus, wenn der Kombucha Kontakt mit Sauerstoff hat. Der neue Scoby entsteht an der Oberfläche des Tees, wobei der Mutter-Scoby entweder zu Boden sinkt oder an der Oberfläche bleibt und eine neue Zelluloseschicht darüber entsteht. Anfangs kann man ihn leicht mit Schimmel verwechseln. Dann heißt es abwarten und beobachten. Je öfter du diesen Prozess beobachtest, desto besser erkennst du den Unterschied zwischen einer neuen Kombucha-Kultur und Schimmel. Schimmel wächst kreisförmig und bekommt ganz kleine Haare. Eine neuer Kombucha-Scoby wächst großflächig und wird immer dicker. Wenn du den Scoby teilen möchtest, warte mit deinem nächsten Kombucha-Ansatz, bis du den neu ausgebildeten Scoby mit den Händen entnehmen kannst, ohne dass er reißt.

Meine Erfahrung

Immer wieder kommt es vor, dass mein Kombucha auch in der 2ten Fermentation einen neuen Scoby produziert. Das liegt daran, dass in der Flasche noch Sauerstoff vorhanden ist. Je weniger Kombucha in der Flasche ist, desto mehr Sauerstoff ist darin und die Wahrscheinlichkeit, dass sich in der verschlossenen Flasche ein neuer Scoby ausbildet, ist höher. Auch wenn die Flasche nicht ganz luftdicht verschlossen ist oder sehr oft geöffnet wird, kommt es vor, dass ich einen neuen Scoby in der Flasche finde. Es ist ein Zeichen dafür, dass mein Kombucha fleißig arbeitet und das macht, was er machen soll. Die neue Kombucha-Kultur kann man einfach mittrinken oder vor dem Trinken abschöpfen. Man könnte mit ihr auch wieder eine neue Kombucha-Produktion starten.

Wie viel Kombucha darf es sein und wann soll ich ihn am besten trinken?

Für den Kombucha gibt es keine genauen Trinkanweisungen. Die Trinkmenge und -zeit richtet sich nach deinem persönlichen Empfinden. Ich empfehle, mit einem kleinen Glas zu beginnen und die Wirkung abzuwarten, bevor du ein größeres Glas Kombucha trinkst. Neue lebendige Mikroben besiedeln den Darm. Sie haben viele gesundheitliche Vorteile, müssen sich aber erst Platz machen und andere verdrängen. Diese Kämpfe kannst du anfangs durchaus spüren. Wichtig ist: Nicht gleich aufgeben! Nach zwei bis drei Wochen sollten sich aufgetretene Nebenwirkungen wieder verabschieden und die positiven Wirkungen nach und nach spürbar werden. Dann kannst du die Trinkmenge auch steigern. Wenn dir der Kombucha sehr gut schmeckt, kann es auch vorkommen, dass du zu viel davon trinkst. Eine Trinkmenge zwischen 250 ml und 500 ml täglich ist eine gute Orientierung. Wann du deinen Kombucha trinkst und ob du ihn pur oder verdünnt trinkst, ist deine Entscheidung. Viele meiner Bekannten und Workshop-Teilnehmer berichten, dass sie ihn nicht gut auf nüchternen Magen am Morgen vertragen und dass er sie fit und aktiv hält und sie ihn daher nicht gerne am Abend trinken. Eine gute erfrischende und belebende Wirkung bringt er vielen, wenn sie ihn am Vormittag oder am Nachmittag trinken. Auch als Begleitung zum Essen schmeckt er wunderbar. Er regt die Magensäure an und hilft beim Verdauen.

Meine Erfahrung

Ich trinke Kombucha am liebsten im Laufe des Vormittags und im Laufe des Nachmittags verteilt. In Summe komme ich auf ca. ½ Liter pro Tag. Je nachdem, wie er mir gerade schmeckt, trinke ich ihn pur oder mit Wasser aufgespritzt. Besonders beim Sport trinke ich ihn gerne und spüre, dass er mir Kraft und Energie gibt. Frühmorgens oder abends trinke ich meist keinen Kombucha.

Sind Kombucha-Trinkpausen notwendig?

Ob du regelmäßige Kombucha-Trinkpausen machen sollst, ist nicht eindeutig in der Theorie beschrieben. So wie immer bei der Fermentation gilt: Höre auf dich und deine Sinne. Dein Körper weiß am besten, was dir guttut. Schmeckt dir der Kombucha plötzlich nicht mehr oder fühlst du dich nicht wohl damit, dann probiere eine Trinkpause, die du jederzeit wieder unterbrechen kannst, wenn dir danach ist.

Meine Erfahrung

Ich trinke nun seit vielen Jahren täglich Kombucha ohne Pause und habe damit sehr gute Erfahrungen gemacht. Über den Tag verteilt gibt er mir mehr Energie und ich fühle mich wohl. An einem Tag ohne Kombucha fehlt mir etwas.

Ist Alkohol im Kombucha?

Bei jedem Fermentationsprozess entsteht immer etwas Alkohol. Das ist bei Kombucha so und auch beim Sauerkraut. Der Alkoholgehalt ist unterschiedlich und abhängig von der Kultur selbst, der Temperatur, der Sauerstoffzufuhr und den verwendeten Zutaten. Es sind die Hefen, die den Alkohol produzieren und vor allem bei der 2ten Fermentation aktiv werden. Grundsätzlich kann man von einem Alkoholgehalt von ca. 0,5 % ausgehen. Das ist so viel wie in alkoholfreiem Bier. Wusstest du, dass auch in Obstsäften wie Apfelsaft und Orangensaft eine geringe Menge Alkohol enthalten ist?

Was mache ich mit meinem Scoby, wenn ich im Urlaub bin?

Fährst du in den Urlaub oder wächst dir die Kultur über den Kopf und du möchtest eine Kombucha-Auszeit nehmen, dann hast du mehrere Möglichkeiten. Ich empfehle zwei davon:

Lagere deinen Scoby luftdicht verschlossen im Kühlschrank.

Gib deinen Scoby in einem Ansatz aus fertigem Kombucha und gezuckertem Tee in den Kühlschrank. Luftdicht verschlossen in einem Schraubglas kannst du ihn für Monate lagern. Wenn du ihn wieder verwenden möchtest, kann es etwas dauern, bis dein Scoby wieder richtig fit aus dem Winterschlaf erwacht ist. Gib ihm ein bis zwei neue Ansätze Zeit.

Lass deinen Scoby einfach länger fermentieren.

Es ist auch möglich, den Kombucha mit dem Scoby bis zu einem Monat bei Zimmertemperatur wie gewohnt weiter fermentieren zu lassen. Der fertige Kombucha schmeckt dann sehr sauer und kann als Essig-Ersatz verwendet werden. Er eignet sich auch gut als Ansatzflüssigkeit für deine weiteren Kombucha-Ansätze.

Wann und wie reinige ich meinen Scoby?

Wie oft du deinen Scoby aus dem Gefäß nehmen sollst und den Scoby und das Gefäß reinigen sollst, geht aus der Theorie nicht eindeutig hervor. Manche Quellen empfehlen es bei jedem neuen Kombucha-Ansatz, andere raten generell davon ab. Du kannst beides probieren und deinen eigenen Rhythmus finden, wann und wie oft du den Scoby und das Gefäß reinigst. Wichtig ist, dass du den Scoby nur mit lauwarmem Wasser reinigst. Es darf kein heißes Wasser sein, es soll aber auch nicht zu kalt sein. Wenn sich das Wasser auf deiner Haut gut anfühlt, wird es auch für den Scoby angenehm sein. Nach der Reinigung des Gefäßes achte darauf, dass keine Rückstände von Reinigungsmittel im Gefäß sind. Sie können der Kombucha-Fermentation schaden. Damit du deinen eigenen Reinigungs-Rhythmus findest, ist es für dich gut zu wissen, dass sich die Bakterien hauptsächlich im Scoby befinden und die Hefen auf dem Scoby und in der Flüssigkeit. Die Hefen lagern

Meine Erfahrung

Ich wasche meine Scobys und Gefäße nicht bei jedem Ansatz, sondern ca. ein Mal im Monat. Dabei orientiere ich mich an meinem Geruchssinn. Ich kann es riechen, wann mir die Hefen zu viel werden und ich sie wieder etwas eindämmen möchte. Im Sommer etwas öfter und im Winter weniger oft.

sich oft am Boden des Gefäßes ab, die man als weiße Ablagerungen erkennen kann. Wenn du bei der 2ten Fermentation kein Prickeln in den Kombucha bekommst, obwohl du etwas Zucker hinzugefügt hast, kann das daran liegen, dass du zu wenig Hefen in deinem Kombucha hast, die aus dem Zucker Kohlendioxid produzieren. Achte dann darauf, dass du die Hefen, die sich während der 1ten Fermentation am Boden abgelagert haben, mit in die Flaschen für die 2te Fermentation füllst. Wenn dein Kombucha zu viel Druck in der Flasche aufbaut oder zu stark nach Alkohol schmeckt, fülle den Kombucha so gut wie möglich ohne die abgelagerten Hefen in Flaschen ab und entferne die Hefen aus dem Gefäß, indem du es reinigst, bevor du deinen Kombucha neu ansetzt. Wasche auch deinen Scoby, denn auf ihm lagern sich Hefen ab. Wie du siehst kannst du mit der Reinigung deines Scobys und des Gefäßes auch den Geschmack, den Alkoholgehalt und das Prickeln deines Kombuchas beeinflussen.

Ist mein Scoby noch aktiv?

Der Scoby ist aktiv, solange er den Zucker in Säure umwandelt. Das schmeckt man. Wenn dein Scoby noch sehr klein ist, es gerade Winter ist, er an einem kalten Ort steht oder du ihn nach seinem Winterschlaf im Kühlschrank wieder aktivierst, kann es etwas länger dauern, bis du die Säure schmeckst. Gib ihm Zeit, beobachte und probiere weiter. Produziert dein Scoby jedoch keine Säuren mehr und der Tee bleibt süß, besorge dir einen Neuen.

Was mache ich mit zu saurem Kombucha?

Ein zu saurer Geschmack kann durch zu lange Fermentation, zu wenig Zucker, den verwendeten Tee, zu warme Fermentationstemperatur oder einen zu großen Scoby im Verhältnis zum Tee entstehen. Du kannst ihn mit süßerem Kombucha oder gesüßtem Tee verdünnen, ihn als Essig verwenden oder als Ansatzflüssigkeit für deine nächsten Kombucha-Ansätze.

Was mache ich mit zu vielen Kombucha-Scobys?

Wenn du längere Zeit Kombucha braust, kommt es vor, dass du mehrere gutaussehende Scobys produzierst, von denen du dich nicht trennen möchtest, aber auch keine Verwendung für noch mehr Kombucha hast. Hier ein paar Anregungen, was du damit machen kannst:

- Verschenke sie deinen Freunden und Bekannten und zeige ihnen, wie einfach und wertvoll es ist, seinen eigenen Kombucha zu brauen.
- Gib sie zum Kompost. Sie unterstützen den Zersetzungsprozess.
- Gib sie in den Garten. Die Mikroben sind auch gut für den Boden.
- Bewahre sie gesammelt in einem „Scoby-Hotel“ auf, damit du jederzeit auf einen Ersatz-Scoby zurückgreifen kannst. Für dein „Scoby-Hotel“ brauchst du nur ein großes Gefäß, welches du mit einer Mischung aus Tee und Ansatzflüssigkeit füllst und deine Kombucha-Scobys darin aufbewahrst. Decke das Gefäß wie bei der 1ten Fermentation mit einem Tuch und einem Gummiring ab, sodass die Scobys keine unerwünschten Gäste bekommen. Ich empfehle das „Scoby-Hotel“ ein Mal im Monat mit einer frischen Mischung aus Ansatzflüssigkeit und Tee zu erneuern.
- Suche im Internet nach weiteren Verwendungsmöglichkeiten. Du findest Rezepte mit Kombucha-Scobys, Kleidung aus getrockneten Scobys oder auch Pflegeanwendungen für eine reine und gesunde Haut.
- Und ja, du kannst den Scoby auch essen. Er besteht aus Ballaststoffen und guten Mikroben. Ob er dir schmeckt, darfst du selbst entscheiden.

Wie erkenne ich Schimmel und was muss ich dann machen?

Schimmel erkennst du an den darauf wachsenden kleinen Haaren und daran, dass er kreisförmig an der Oberfläche wächst. Er verfärbt sich oft von weiß auf grün oder blau und die kleinen Haare lassen ihn pelzig aussehen. Sobald ein Schimmel den Scoby befallen hat, müssen der Scoby und der Kombucha entsorgt werden! Du darfst den Scoby keinesfalls reinigen und weiterverwenden.

Darf ich Kombucha während der Schwangerschaft oder Stillzeit trinken?

Es gibt keine klaren Aussagen dazu, ob man Kombucha in der Stillzeit oder Schwangerschaft trinken darf oder nicht. Ich empfehle den Alkoholgehalt nicht durch die 2te Fermentation zu fördern. Die Entscheidung trifft natürlich jede Frau für sich. Zu bedenken ist, dass der Kombucha entgiftend wirkt und wenn man erst in der Schwangerschaft oder Stillzeit mit dem Trinken von Kombucha beginnt, können die gelösten Giftstoffe aus dem Körper in das Fruchtwasser oder in die Muttermilch übergehen. Das hängt natürlich u. a. von der bisherigen Lebensweise der werdenden Mutter ab. Betonen möchte ich an dieser Stelle, wie wichtig eine gesunde Darmflora für eine werdende und stillende Mutter ist, da sie die Basis bildet für die Erstbesiedelung des Neugeborenen und die Muttermilch. Da punktet der Kombucha mit seinen wertvollen lebendigen Mikroben natürlich. Außerdem möchte ich die Vielzahl an Vitaminen und Mineralstoffen hervorheben, die im Kombucha und anderen fermentierten Getränken stecken, die gerade während der Schwangerschaft und Stillzeit so wichtig sind.

Dürfen Kinder Kombucha trinken?

Auch dazu gibt es keine eindeutigen Aussagen. Meiner Ansicht nach enthält Kombucha so viele wertvolle Inhaltsstoffe und gute Bakterien für eine gesunde Darmflora, die auch für Kinder wichtig sind und deren Ernährung wunderbar ergänzen können. Durch die vielen B-Vitamine und das im Tee enthaltene Koffein wird die Konzentrationsfähigkeit gefördert. Ratsam wäre es, den Alkoholgehalt nicht durch die 2te Fermentation zu fördern, wenn auch Kinder ihn trinken. Ich empfehle den Kombucha für Kinder ebenfalls nicht vor dem Zu-Bett-Gehen.

Kombucha in der Küche

Kombucha schmeckt nicht nur als Getränk gut, er lässt sich auch auf vielfältige Weise in der Küche einsetzen. Mit seiner Kombination von süß und sauer macht er Gerichte zu besonderen Gaumenfreuden. Überall dort wo du Essig verwendest, kannst du es mit Kombucha probieren. Er eignet sich auch sehr gut zum Einweichen von Hülsenfrüchten oder Getreide. Ein Schuss Kombucha in das Einweichwasser gemischt unterstützt den Abbau der Antinährstoffe.

Meine Erfahrung

Ich nehme vor allem sauren Kombucha zum Würzen in meiner Küche. Er kommt in mein Salatdressing und ich verwende ihn gerne für Chutneys. Dafür nehme ich klein geschnittene Trockenfrüchte und Zwiebeln, die ich mit dem Kombucha kalt durchziehen lasse, ohne es zu kochen. Dieses Chutney bekommt immer die richtige Balance zwischen süß und sauer und hält sehr lange im Kühlschrank bei Rohkost-Qualität. Geschützt und haltbar gemacht wird es von den unzähligen Kombucha-Mikroben und deren Säuren.

Fermentierte Walnüsse

Zutaten:

1 kg Walnüsse
1 Schuss Kombucha zum Einweichen
200 g Dattelpaste
100 g Kombucha
2 TL Gewürze (Zimt, Vanille ...)

Walnüsse haben gute Omega-3-Fette, gutes Eiweiß und sind regional erhältlich. Am besten kommt man in den Genuss dieser Vorteile, wenn man sie kurz vor dem Verzehr aufknackt. Das kann im Alltag etwas mühsam sein und dazu führen, lieber zu anderen nicht regionalen Nüssen zu greifen. Es kann auch sein, dass man Walnüsse nicht gut verträgt und sie deshalb meidet.

Meine Erfahrung

Ich habe Walnüsse immer gemieden, weil ich nach ihrem Genuss eine sehr unreine Haut bekommen habe. Bis ich die fermentierten Walnüsse entdeckt habe. Ich liebe diese Nüsse und esse sie jeden Tag. Ich kann sie schnell in mein Müsli, meinen Salat oder als Topping auf meinen Gerichten verwenden, ohne dass ich sie vorher aufknacken muss, und meine Haut bleibt schön rein. Sie haben einen guten Geschmack und die richtige Konsistenz, sodass ich sie gut mit meinen Zähnen kauen kann, obwohl sie knusprig sind. Ich bereite mir immer welche auf Vorrat zu, dekoriere damit meine Küche und achte darauf, dass sie nicht ausgehen.

1. Fermentiere die Walnüsse

Gib die Walnüsse in eine ausreichend große Schüssel, die du abdecken kannst. Beachte dabei, dass die Walnüsse größer werden, wenn sie sich mit Wasser aufsaugen. Bedecke die Nüsse gut mit Wasser und mische einen Schuss Kombucha darunter. Lasse die Nüsse abgedeckt für 12 Stunden bei Zimmertemperatur fermentieren. Achte dabei darauf, dass die Nüsse immer mit ausreichend Wasser bedeckt sind.

Tipp:

Achte auf die Wasserqualität. Du kannst dein Wasser filtern oder dir eine gute Wasserquelle für dein Trink- und Einweichwasser suchen.

2. Wasche die Walnüsse

Gieße die Nüsse in einem Sieb ab, wasche sie gut und lasse sie abtropfen.

3. Massiere die Walnüsse

Vermische die Dattelpaste mit dem Kombucha und den Gewürzen und massiere die Walnüsse damit ein, sodass sich die Paste in den Poren der Nüsse verteilt.

4. Trockne die Walnüsse

Trockne die Walnüsse in einem Dörrgerät bei 40 °C für 24 h, fülle sie anschließend in ein Vorratsglas und verschließe dieses luftdicht. So hast du einen Vorrat für mehrere Wochen.

Fermentierte Chiasamen

Zutaten:

150 ml Kombucha
30 g Chiasamen

Wenn du dich jetzt fragst, warum ich hier nicht von fermentierten Leinsamen schreibe, weil diese regional erhältlich sind und die gleichen Eigenschaften wie Chiasamen aufweisen, dann kann ich dich beruhigen. Das Rezept funktioniert auch mit Leinsamen. Ich greife für dieses Rezept jedoch jedes Mal lieber zu den Chiasamen, weil mir die Konsistenz in meinen Desserts damit besser gefällt, für welche ich die fermentierten Chiasamen gerne verwende. Chiasamen sind für mich wie Datteln, Bananen, Orangen, Zitronen, Cashewkerne, Quinoa, Olivenöl, Kaffee, Kakao oder Kokosnüsse. Ich bin dankbar dafür, dass ich diese Zutaten mit ihren besonderen Geschmacksnoten und Eigenschaften bekomme und in meiner Küche verwenden kann. Ich achte beim Einkauf auf faire Bioqualität, gehe sorgsam damit um und genieße jeden Bissen im Bewusstsein, dass sie für mich eine weite Reise hinter sich gebracht haben. So kann ich sie mit gutem Gewissen genießen.

Tipp:

Fermentierte Chiasamen halten sich sehr lange im Kühlschrank und sind jederzeit bereit zum Einsatz in deiner Küche. Du kannst sie für eine festere Konsistenz in deinen Desserts und Müslis verwenden oder auch als veganen Ei-Ersatz.

1. Fermentiere die Chiasamen

Vermenge den Kombucha mit den Chiasamen in einem Schraubglas. Rühre die Mischung nach 5 Minuten noch einmal gut durch, verschließe das Glas und bewahre es im Kühlschrank auf. Nach kurzer Zeit ist es bereit für den Einsatz in deiner Küche und hält sich im Kühlschrank für mehrere Wochen.

Tipp:

Für ein schnelles, veganes, eiweißreiches Dessert mit guten Omega-3-Fetten und allen gesundheitlichen Vorteilen, die der Kombucha mit sich bringt, garniere die fermentierten Chiasamen mit frischen Beeren, Bananen oder anderen Früchten. Besonders cremig und gut wird das Dessert, wenn du unter die fermentierten Chiasamen etwas Nussmus rührst. Du kannst auch ein buntes Chia-Frucht-Schichtdessert im Glas mit einer Schicht Joghurt und fermentierten Walnüssen als Topping daraus machen.

Gut zu wissen!

Richtig ausgesprochen heißt es „Kombutscha". Aber egal wie du ihn nennst, wichtig ist, dass du ihn trinkst.

Über Kombucha gibt es viele Studien zu dessen Inhaltsstoffen und Wirkungen. Es wurden nie genau dieselben Inhaltsstoffe entdeckt, da jede Kombucha-Kultur einzigartig ist. Eine Studie aus dem Jahr 2003 aus der Schweizer Zeitschrift für Gesundheitsmedizin fasst die Inhaltsstoffe, die in fast jedem Kombucha in kleineren oder größeren Mengen gefunden wurden, mit deren Wirkungen sehr gut zusammen:

Inhaltsstoffe von Kombucha und deren Wirkungen

Organische Säuren

Glucuronsäure	Entgiftet den Organismus von Stoffwechselabfällen und giftigen Fremdstoffen
Essigsäure	Wirkt vitalisierend Regt den Stoffwechsel an Fördert die Verdauung
Rechtsdrehende Milchsäure	Stabilisiert und regeneriert die Darmflora Fördert das Wachstum nützlicher Bakterien im Verdauungstrakt Aktiviert den Muskelstoffwechsel Liefert Energie an Zellen und Gehirn Regt die Verdauung an Schützt das Verdauungssystem gegen schädliche Bakterien und vlvViren
Essigsäure, Glukonsäure	Regen verschiedene Stoffwechselfunktionen an Fördern die Aufnahme wertvoller Stoffwechselprodukte im Darm

Enzyme

Ermöglichen und regulieren den Stoffwechsel
Verbessern die Verdauung durch Aufspaltung der Nahrungsstoffe (Kohlenhydrate/Eiweiße)

Polysaccharide

Stärken die Immunabwehr
Stärken das Bindegewebe

Vitale Hefen

Haben positiven Einfluss auf die Reinheit der Haut (ca. 10 Millionen Hefezellen pro ml)
Produzieren wichtige Vitamine, lebenswichtige Aminosäuren und Enzyme
Sind wohltuend für den Darm (pH-Wert im Darmmilieu)
Unterstützen das Immunsystem

Vitamine

Vitamine B1, B2, B3, B6 und B12	Stärken das Nervensystem Fördern die Energiegewinnung Sind wichtig für Sauerstofftransport und Energie- / Eiweißstoffwechsel Verarbeiten Eiweiße und ungesättigte Fettsäuren Helfen bei Blutbildung und Immunabwehr
Vitamin C	Erhöht den Immunschutz
Vitamine D, E und K	Helfen bei der Haut-, Knorpel- und Knochenbildung Helfen bei der Blutgerinnung Vitalisieren den Organismus
Biotin	Fördert gesundes Zellwachstum Stärkt Haut und Haare
Folsäure	Spielt eine maßgebliche Rolle bei sämtlichen Wachstums- und Entwicklungsprozessen Ist unerlässlich für Zellteilung und -Neubildung Ist beteiligt an Bildung der roten Blutkörperchen

Mineralien

Eisen	Baut rote Blutkörperchen auf Ist wichtig für den Sauerstofftransport im Blut Produziert Enzyme
Kalium	Hilft den Wasserhaushalt regulieren Beeinflusst Nierenfunktion positiv und unterstützt den Körper bei der Ausscheidung
Kalzium	Festigt Knochen und Zähne
Kupfer	Hilft bei Immunabwehr und Blutbildung
Magnesium	Aktiviert die Enzyme des Energiestoffwechsels Unterstützt die Hormonproduktion Ist wichtig für das Knochenwachstum Beeinflusst als entscheidender Stoff das Zusammenspiel von Nerven und Muskeln
Mangan	Wichtig für die Produktion von Schilddrüsenhormonen Aktiviert Enzyme
Natrium	Reguliert die Gewebespannung Ist zusammen mit Kalium wichtig für Muskelfunktion und Blutdruck Überwacht den Säurewert des Blutes
Zink	Ist wichtig für Zellstoffwechsel, Hirnstoffwechsel und Nervensystem Trägt zur Immunabwehr bei Hilft bei Blutbildung, Wachstum und Wundheilung

Quelle: Becker R. Stefan: Kombucha. Natürliche Kraft aus dem Schatz fernöstlicher Erfahrung. Schweiz. Zschr. GanzheitsMedizin 15, 321–323 (2003). Verlag für GanzheitsMedizin, Basel.

Kombucha

Eine Übersichtsstudie über Kombucha aus dem Jahr 2014
fasst folgende Wirkungen zusammen:

- Entgiftet das Blut
- Senkt den Cholesterinspiegel
- Verringert die Arteriosklerose durch Regeneration von Zellwänden
- Senkt den Blutdruck
- Reduziert Entzündungen
- Lindert Arthritis, Rheuma und Gichtsymptome
- Fördert die Leberfunktion
- Normalisiert die Darmaktivität und bringt ein Gleichgewicht in die Darmflora
- Heilt Hämorrhoiden
- Reduziert Fettleibigkeit
- Reguliert den Appetit
- Verhindert und heilt Blaseninfektionen
- Reduziert Nierenverkalkung
- Stimuliert Drüsensysteme
- Schützt vor Diabetes
- Erhöht die Widerstandsfähigkeit des Körpers gegen Krebs
- Hat eine antibiotische Wirkung gegen schadhafte Bakterien, Viren und Hefen
- Verbessert das Immunsystem
- Lindert Bronchitis und Asthma
- Reduziert Menstruationsstörungen und Wechseljahre-Hitzewallungen
- Verbessert die Gesundheit von Haaren, Haut und Nägeln
- Reduziert das Verlangen nach Alkohol
- Reduziert Stress, nervöse Störungen und Schlaflosigkeit
- Lindert Kopfschmerzen
- Verbessert das Sehvermögen
- Hilft gegen das Altern
- Verbessert den allgemeinen Stoffwechsel

Quelle: Jayabalan, Rasu: A Review on Kombucha Tea – Microbiology, Composition, Fermenation, Beneficial Effects, Toxicity, an Tea Fungus, 2014

Kombucha ist eines der vitaminreichsten Nahrungsmittel überhaupt.

Ein Glas Kombucha enthält mehr B-Vitamine als ein Stück Fleisch und so viel Vitamin C wie in einem halben Kilogramm Orangen.

Kombucha schützt vor Umweltschadstoffen!

Wir sind heute ständig elektromagnetischen Feldern ausgesetzt, die von Funkmasten, Mobilfunkgeräten, Wireless Lan, usw. ausgehen und auf unseren Körper wirken. Durch sie können sich Schwermetalle viel leichter in unserem Körper festsetzen. Das ist ein Grund dafür, warum chronische Erkrankungen zunehmen. Eine Studie über Kombucha aus dem Jahr 2013 zeigt, dass Kombucha diese Schwermetallbelastung bei Ratten ausgeglichen hat, indem bestimmte im Kombucha enthaltene Stoffe der Leber helfen, diese Schwermetalle wieder loszuwerden.

Es gibt noch viele weitere Studien, die die ganzheitliche positive Wirkung des Kombuchas auf die Gesundheit bestätigen. Für mich persönlich ist ein noch größerer Beweis dafür, dass Kombucha gut für mich ist, die Tatsache, dass er seit vielen Jahrhunderten getrunken wird und ich die positive Wirkung täglich selbst erleben darf.

Essig

Hast du dir schon einmal überlegt, wie wichtig eigentlich Essig ist? Und dabei reden wir jetzt nicht von Essig als Reinigungsmittel. Wobei auch dieser Bereich nicht zu vernachlässigen ist. Ein Schuss Essig verleiht jedem Essen eine gewisse Tiefe. Aber wie entsteht eigentlich Essig? Auch Essig spielt in den Bereich der Fermente hinein und ist in seiner Herstellung relativ einfach. Der Schlüssel dazu sind wie bei jedem Ferment in diesem Buch Zeit und Liebe. Neben Hefen und Bakterien benötigst du noch Sauerstoff.

Armins Erfahrung

Ob in Salaten, Saucen oder einfach nur zum Ablöschen von Speisen, für mich als Koch ist Essig in der Küche nicht wegzudenken und so gut wie jedes Essen wird mit einem Schuss Essig aufgebessert. Dem Essig wird auch nachgesagt, dass er den Körper von innen reinigt und die Leber unterstützt. Na dann, auf geht's! Lass uns Essig produzieren ganz nach dem Motto „Sauer macht lustig!".

Essig ist rund um den Globus eine gängige Methode, Gerichten ein bisschen Frische zu verleihen. Mit Säure kannst du Speisen abrunden und aufpeppen. Oftmals fehlt eine Brücke zwischen zwei Gerichten und genau diese Brücke schließt die Säure. Neben der Laktosefermentation ist das Einlegen in Essig eine weitere Methode, um Gemüse und Früchte haltbar zu machen. Erfreulich ist dabei auch, dass es sich um eine sehr einfache Art der Haltbarmachung handelt. Ein Teil Wasser, ein Teil Essig, mit etwas Salz und Zucker mischen und schon hast du eine Lake, in der du dein Gemüse oder Obst einlegen kannst. Eine genauere Anleitung dafür findest du bei den Essig-Rezepten.

Ähnlich wie bei der Entstehung des Brotes war es wohl auch mit dem Essig. Wie der Zufall so will, wurde Wein, den man offen an der Luft stehen ließ, zu Essig. Vielen Leuten unter uns ist gar nicht bewusst, dass es sich beim Essig um ein Fermentationsprodukt handelt.

Die Essig-Fermentation im Detail

Essig entsteht bei der Fermentation von Alkohol zu Essigsäure dank aerober Bakterien. Aerobe Bakterien benötigen für ihren Stoffwechsel Sauerstoff. Diese Essigsäurebakterien sind omnipräsent, d. h. sie sind allgegenwärtig und kommen sowohl in der Luft als auch auf der Haut der meisten lebenden Organismen vor, damit bist auch du gemeint. Wie Kombucha ist auch Essig ein Produkt des Zusammenwirkens von Hefekulturen und Bakterien. Dabei wandeln in einem ersten Schritt die Hefen Zucker in Alkohol um. Dann folgen die Essigsäurebakterien, die den Alkohol in Essigsäure umwandeln.

Der Unterschied zum Kombucha besteht darin, dass Essigbrauer oft Hefen mit einer bestimmten Maximaltoleranz für

Alkohol auswählen. Das führt dazu, dass die Hefen absterben, ehe sie den gesamten in der Ausgangsflüssigkeit enthaltenen Zucker abbauen können. Alternativ wird manchmal der Alkohol erhitzt, um die Hefen zu töten. Somit unterscheiden sich Kombucha und Essig in ihrer Süße. Während die Hefen im Kombucha den gesamten verfügbaren Zucker vergären und dieser dadurch immer saurer wird, bleibt der Essig auf einer bestimmten Säuerungsstufe stehen. Daher hat ein hochwertiger Essig auch immer eine angenehme und leichte Süße.

Bei den Anleitungen in diesem Buch wird die Flüssigkeit nicht erhitzt, um die Hefen abzutöten. Falls du es jedoch ausprobieren möchtest, erhitze die Flüssigkeit auf maximal 70 °C. Ansonsten tötest du auch die Essigsäurebakterien ab.

Gefäße und Werkzeuge

Für die Fermentation von Essig benötigst du lediglich 2 sterile Einmachgläser, etwas zum Abdecken der Gläser wie beispielsweise ein Küchen- oder Geschirrtuch und einen Gummiring. Zum Umfüllen nach 1 bis 2 Wochen Fermentationszeit verwende am besten ein feines Sieb oder Baumwolltuch. Wenn dein Essig fertig ist, empfehle ich ein Glas mit Gummidichtung zum Aufbewahren.

Armins Tipp:

Gib dein Glas vor dem Start für ca. 10 Minuten in kochendes Wasser oder bei 110 °C in den Backofen, um es zu sterilisieren, und lasse es anschließend abkühlen, bevor du es für die Essigherstellung verwendest.

Viele Wege führen bekanntlich nach Rom. Ich möchte dir in diesem Buch eine Anleitung mit auf den Weg geben, die sehr unkompliziert ist, und dich mit meinen Tipps und Erfahrungen tiefer in die Materie blicken lassen. Ein wichtiger Faktor, der neben der Sauberkeit für eine erfolgreiche Essigherstellung notwendig ist, ist die Zeit. Die Essigsäurebakterien benötigen bei Zimmertemperatur ca. 3 Monate, um den Alkohol in Essigsäure umzuwandeln.

Grundanleitung: 1te Fermentation

Zutaten für ca. 1 Liter Essig:

400 g Obst in Bioqualität oder so viel, bis das Glas bis obenhin bedeckt ist
ca. 500 ml Wasser (Zimmertemperatur) oder so viel, bis das Glas bis oben bedeckt ist

Material:

2 x 1-l-Einmachgläser
Abdecktuch oder Küchenrolle und Gummiring
1 Holzlöffel zum Umrühren

1. Wähle das Obst

Überlege dir zuerst, welchen Essig du herstellen möchtest. Welches Obst schmeckt dir gut? Wichtig! Achte auf Bio-Qualität, da die Hefen auf deinen Früchten eine wichtige Rolle in der ersten Phase deiner Essigherstellung spielen, und beachte den Brix-Wert, der den enthaltenen Zucker angibt. Je süßer das Obst, desto höher ist der Brix-Wert.

Um ungefähr zu wissen, welchen Brix-Wert dein Obst oder Gemüse für die Essigherstellung hat, findest du im Internet genügend Tabellen dazu.

Geeignet für die Herstellung eines Essigs sind Früchte, die mindestens einen Brix-Wert von 14 haben. Reife Äpfel oder Birnen haben einen Brix-Wert von über 14.

Bei den meisten Gemüsesorten liegt er unter 14, weshalb Gemüse für die Essigherstellung nicht gut geeignet ist. Die meisten Sorten haben zu wenig Zucker, damit die Hefen einen Alkoholgehalt von etwa 6 bis 8 % erzeugen können. Diesen Alkoholgehalt benötigen Essigsäurebakterien, um Essig mit ca. 5 % Säure zu produzieren. Ab diesem Säure-Wert wird von Essig gesprochen. Selbst wenn dein eigener Essig weniger als 5 % Säure entwickelt, wird er sauer schmecken und du wirst viel Freude damit haben.

Armins Tipp:

Hast du dich für ein Gemüse oder ein Obst mit einem geringeren Brix-Wert als 14 entschieden, kannst du nachhelfen, indem du die Flüssigkeit mit Honig oder Zucker versüßt. Damit erhöht sich der Brix-Wert und die Hefen haben genügend Futter, um einen Alkoholgehalt von 6–8 % zu erzeugen. Anstatt des zusätzlichen Zuckers kannst du die Flüssigkeit auch mit destilliertem Ethanol versetzen. Damit der Alkoholgehalt dabei nicht über 8 % steigt, benötigst du hierfür jedoch ein Alkoholmessgerät.

2. Schneide das Obst

Hast du deine Wahl getroffen, schneide das Obst in kleine Stücke. Wichtig ist, dass du die Schale nicht entfernst. Auch das Kerngehäuse kannst du ohne Probleme mit verwenden.

Armins Erfahrung:

Essig, der mit Fenchel oder Stangensellerie angesetzt wird, entwickelt ganz interessante Geschmacksnoten. Da der Essig sehr leicht und säurearm wird, eignet er sich ideal für Salate an heißen Sommertagen.

3. Fermentiere das Obst

Gib das Obst zusammen mit dem Wasser in ein Glas und decke es mit einem Baumwoll- oder Bienenwachstuch ab.

Temperatur, Zeit und Ort

Stelle das Glas für 7 bis 14 Tage an einen warmen Ort ohne direkte Sonneneinstrahlung und rühre das Obst in dieser Zeit 2 Mal täglich. Schon nach ein paar Tagen fängt das Wasser an trüb zu werden und ein weißer Schaum entsteht an der Oberfläche. Ein Gärungsprozess hat eingesetzt und die Hefen verwandeln den Fruchtzucker in Alkohol. Je nach Jahreszeit wird das Wasser entweder schneller oder langsamer anfangen zu gären. Da sich Hefen bei wärmeren Temperaturen wohler fühlen, arbeiten sie im Sommer schneller als im Winter. Sinkt das Obst zu Boden, ist der erste Gärprozess abgeschlossen und du kannst das Obst abseihen.

Armins Tipp:

Stelle dir am besten einen Wecker, damit du das Rühren nicht vergisst. Je öfter, desto besser. Immer wenn dir der Essigansatz in den Sinn kommt, rühre ihn kurz durch. Ansonsten kann es passieren, dass sich das Obst an der Oberfläche braun verfärbt und faulig riecht.

2te Fermentation

1. Seihe das Obst ab und fermentiere den Essig

Seihe deinen Ansatz durch ein feines Sieb oder Baumwolltuch in ein sauberes und steriles Einmachglas. Decke das Glas mit einem luftdurchlässigen Baumwolltuch ab und fixiere es mit einem Gummiring oder einer Schnur.

Temperatur, Zeit und Ort

Suche für dein Ferment einen dunklen und etwas kühleren Platz, wie das beispielsweise in einem Keller der Fall ist, und lasse es für ca. 10 Wochen weiter fermentieren. Durch den Prozess der Essigsäuregärung fängt der Alkohol an, sich in Essigsäure zu verwandeln. Im Laufe der Zeit setzen sich kleine trübe Klumpen am Boden ab. Dabei handelt es sich um abgestorbene Hefepilze, die unbedenklich sind. Trübe Ablagerungen und Farbwechsel kommen in nichtpasteurisiertem Essig auf natürliche Art und Weise vor. Am Ende der Fermentationszeit kannst du immer wieder nachschauen und dein Ferment probieren. Vielleicht hast du ja Glück und es hat sich sogar eine Essigmutter an der Oberfläche gebildet. Wenn ja, freu dich, du hast mit Sicherheit alles richtig gemacht. Bist du zufrieden mit dem Ergebnis und findest du, dass dein Essig schon wie ein Essig schmeckt, kannst du ihn in eine Flasche mit Gummidichtung umfüllen und ihn jederzeit für Salate und leckere Gerichte benutzen. Bemerkst du noch einen leicht alkoholischen Geruch, ist der Essig noch nicht fertig fermentiert und du solltest ihm noch mehr Zeit für die Reifung geben.

Lagerung und Haltbarkeit

Die Haltbarkeit ist vergleichbar mit einem Wein. Lagere deinen fertig abgefüllten Essig am besten kühl, so hält er sich sehr lange.

Essigmutter

Bist du nun stolzer Besitzer einer Essigmutter, stellt sich für dich die Frage, wie du sie am Leben erhältst und für weitere Ansätze verwenden kannst. Wenn du es zulässt, steht sie dir ein Leben lang zur Seite.

Deine Essigmutter lässt sich am besten in der Flüssigkeit aufbewahren, in der sie geboren wurde. Daher bewahre sie in einem Glas, mit einem Baumwolltuch abgedeckt, an einem dunklen und kühlen Ort auf. Achte darauf, dass die Flüssigkeit während der Lagerung nicht verdunstet und die Essigmutter austrocknet.

Möchtest du deine Essigmutter füttern, kannst du das ganz einfach mit Alkohol machen und wie beim Backslopping beschrieben vorgehen. Hier verwendest du am besten einen Alkohol mit einem Alkoholgehalt von ca. 6 bis 8 %. Wie oben schon erwähnt, würden sich Most und Cider hierfür super eignen. Verwendest du Rot- oder Weißwein, solltest du ihn davor verdünnen, da auch ein zu hoher Alkoholanteil deiner Essigmutter schaden kann.

Backslopping

Dank Backslopping kannst du die 2te Phase der Essigherstellung verkürzen. Gib nach dem Abseihen des Obstes einen Schuss Essig aus deiner vorherigen Produktion in die Flüssigkeit. Die anschließende Fermentationszeit verkürzt sich dadurch um die Hälfte. Nach ca. 5 Wo-

Armins Erfahrung:

Für einen guten Rot- oder Weißweinessig füttere ich meine Essigmutter mit einem leichten Wein, der einen geringeren Alkoholanteil aufweist, und vermische ihn im Verhältnis 1:1 mit Wasser. Damit reduziere ich den Alkoholgehalt um die Hälfte. Die fertige Weinmischung gebe ich zusammen mit der Essigmutter und deren Flüssigkeit in ein Einmachglas und decke es mit einem Tuch und Gummiring ab.

chen kannst du deinen Essig schon probieren und entscheiden, ob du ihn noch weiter fermentieren lässt oder er bereit ist zum Abfüllen. Auch den Ablauf der 1ten Fermentation kannst du verkürzen. Anstatt selbst einen Gärungsprozess zu starten, der 1–2 Wochen dauert, kannst du stattdessen ein alkoholisches Getränk mit 6–8 % Alkoholanteil verwenden. Dieses Getränk, versetzt mit einem Schuss deines Essigansatzes, umgeht den Prozess der 1ten Fermentation. Somit ist der Essig zwar nicht zu 100 % selbst gemacht, jedoch die Herstellung schon nach ca. 5 Wochen abgeschlossen.

Das Backslopping – übersetzt auch Zurückschütten – spielt bei vielen Fermenten wie beispielsweise Essig oder Kombucha eine wichtige Rolle für die Vorbereitung des mikrobiellen Umfelds. Der Fermentationsprozess wird durch nützliche Organismen angekurbelt. Dabei wird die Substanz, welche man fermentieren möchte, mit einer kleinen Menge des zuletzt hergestellten gleichen Ferments versetzt. Das senkt unter anderem den pH-Wert und bewirkt, dass alle unerwünschten Mikroorganismen, die nicht säuretolerant sind, ausgebremst werden. Weiters wird dadurch gewährleistet, dass die Population von Essigsäurebakterien groß genug ist.

Armins Erfahrung:

Die Essigmutter gebe ich beim Backslopping nicht zum neuen Essigansatz mit dazu, nur den Essig. Ich achte darauf, dass die Essigmutter danach wieder genug Flüssigkeit hat.

Apfelessig mit Himbeeren

Zutaten für ca. 1 Liter Essig:

350 g Äpfel (mit Schale und Kerngehäuse)
100 g Himbeeren
Ca. 500 ml Wasser (Zimmertemperatur)
2 EL Honig

Material:

2 x 1-l-Einmachgläser
Abdecktuch oder Küchenrolle und Gummiring
1 Holzlöffel zum Umrühren

Armins Tipp:

Sauber und steril zu arbeiten ist bei Fermenten, bei denen die Fermentationszeit sehr lange dauert, äußerst wichtig. Das trifft gerade bei der Essigherstellung zu, da er über Monate hinweg fermentiert. Daher sterilisiere die Gläser immer, bevor du sie benutzt. Auch Bienenwachstücher sind ideal bei der Essigherstellung. Bienenwachstücher sind nicht nur nachhaltig, sondern besitzen auch eine antibakterielle und antimykotische (Pilze abtötende) Wirkung.

1. Schneide das Obst

Viertle die Äpfel und gib sie zusammen mit den Himbeeren in das sterilisierte Glasgefäß. Löse den Honig im Wasser auf und befülle das Einmachglas bis fast ganz oben damit.

2. Fermentiere das Obst

Rühre alles gut durch und bedecke das Glas mit einem Baumwolltuch. Fixiere das Baumwolltuch mit einem Gummiring am Glas.

Temperatur, Zeit und Ort

Stelle das Glas für 7 bis 14 Tage an einen warmen Ort ohne direkte Sonneneinstrahlung und rühre das Obst in dieser Zeit zwei Mal täglich. Schon nach ein paar Tagen fängt das Wasser an trüb zu werden und ein weißer Schaum entsteht an der Oberfläche. Ein Gärungsprozess hat eingesetzt und die Hefen verwandeln den Fruchtzucker in Alkohol. Je nach Jahreszeit wird das Wasser schneller oder langsamer anfangen zu gären. Da sich Hefen bei wärmeren Temperaturen wohler fühlen, arbeiten sie im Sommer schneller als im Winter. Sinkt das Obst zu Boden, ist der erste Gärprozess abgeschlossen und du kannst das Obst abseihen.

3. Seihe das Obst ab und fermentiere den Essig

Seihe deinen Ansatz durch ein feines Sieb oder Baumwolltuch in ein sauberes und steriles Einmachglas. Decke das Glas mit einem luftdurchlässigen Baumwolltuch ab und fixiere es mit einem Gummiring oder einer Schnur. Führe die Essig-Fermentation durch, wie bei der Anleitung für die zweite Fermentation beschrieben (dunkler, kühlerer Ort, ca. 10 Wochen).

In Essig eingelegte Rote Rüben

Gemüse kann auch mit Essig fermentiert werden. Essigsauer eingelegtes Gemüse gibt es in unzähligen Varianten und ist aufgrund seiner Einfachheit in der Herstellung sehr beliebt und weitverbreitet.

Man spricht auch von „Pickles“, wenn das Gemüse in einem Sud aus Essig eingelegt wird. Der Sud kann heiß oder kalt über das Gemüse gegossen werden. Gemüse, welches nicht roh genießbar ist, muss vorher gekocht oder blanchiert werden. Da ich die guten Mikroben am Leben lassen und die guten Inhaltsstoffe meines selbst hergestellten unpasteurisierten Essigs nicht zerstören möchte, gieße ich den Essigsud kalt über das Gemüse und lasse das Gemüse damit durchziehen. Es geht hier nicht mehr darum, dass ein Fermentationsprozess angekurbelt wird, so wie das bei der Laktosefermentation der Fall ist. Hier macht die Säure des fertig fermentierten Essigs das Gemüse haltbar und es ist wichtig, mit sterilen Gläsern und Deckeln zu arbeiten.

Als Grundrezept empfehle ich folgendes Mengenverhältnis:

250 g Essig + 250 g Wasser + 1 TL Salz + 1 TL Zucker

Zutaten für ein 1-Liter-Glas:

1 Rote Rübe (roher Zustand)
250 ml Essig (mit einem Mindestanteil von 5 % Säure)
250 ml Wasser
1 TL Salz
1 TL Zucker

Material:

1-l-Glas (Weck, Rex, mit Bügel- oder Schraubverschluss)

Armins Erfahrung:

Ich probiere die angerührte Mischung gerne. Eine salzige und zugleich süße Note sollten gut erkennbar sein. Wenn ich mir nicht sicher bin, verwende ich eher mehr Essig als Wasser. Damit ist das Gemüse ein wenig saurer, aber die Gefahr eines Schimmels verringere ich dadurch. In Essig eingelegtes Gemüse hat nahezu unendlich lange Haltbarkeit und lässt sich an einem kühlen Ort oder im Kühlschrank ideal lagern.

Armins Tipp:

Verwende einen Essig mit einem Mindestanteil von 5 % Säure. Ansonsten kann es passieren, dass dir dein essigsauer eingelegtes Gemüse an der Oberfläche anfängt zu schimmeln.

1. Schneide das Gemüse

Schneide die Rote Rübe in dünne Scheiben und schlichte sie bis fast obenhin in ein sauberes und steriles Einmachglas.

2. Mische die Flüssigkeit an und gieße sie über das Gemüse

Vermische den Essig mit dem Wasser und löse den Zucker und das Salz darin unter Rühren auf. Gieße die Flüssigkeit über das Gemüse ins Glas, dass es gut voll ist.

Armins Tipp:

Nicht jede Rote Rübe ist gleich groß. Immer wieder kommt es vor, dass die angegebene Menge Flüssigkeit nicht ausreichend oder zu viel ist. Damit du auf die genaue Flüssigkeitsmenge mit dem passenden Mischverhältnis kommst, kannst du auch so vorgehen: Stelle das Glas mit dem geschichteten Gemüse auf eine Waage und setze die Anzeige auf 0. Jetzt befüllst du das Glas bis obenhin mit Wasser. Das gesamte Gemüse sollte sich dabei unter der Flüssigkeit befinden. Schaue auf die Anzeige deiner Waage. Zeigt sie z. B. 500 g an, weißt du, dass du nicht mehr als 500 g Gesamtflüssigkeit für das Einlegen benötigst. Nun kippst du die gesamte Flüssigkeit aus dem Einmachglas in den Abfluss. Anschließend rührst du 1 Teil Essig und 1 Teil Wasser mit etwas Salz und Zucker an. Auf 500 g Flüssigkeit sind es daher 250 g Wasser und 250 g Essig. Löse darin den Zucker und das Salz auf und gieße die Essigwasserlösung in das Einmachglas.

Temperatur, Ort und Zeit

Verschließe das Glas luftdicht und lasse es für 1 bis 2 Wochen an einem dunklen und kühlen Ort durchziehen. Danach kannst du das Gemüse sofort genießen oder in den Kühlschrank stellen. Je länger du das Gemüse im Kühlschrank stehen lässt, desto besser kann es durchziehen und desto interessanter schmeckt es.

Allgemeine Essig-Rezeptideen

Kräuteressig

Versetze den fertigen Essig mit deiner persönlichen Geschmacksnote. Gerade im Sommer hast du die Qual der Wahl. Von Thymian und Oregano bis hin zum Liebstöckel kannst du alles, was dir in die Finger kommt, in deinen Essig geben. Verschließe den Essig mit den Kräutern deiner Wahl und lasse ihn für ca. 1 Monat bei Zimmertemperatur stehen. Siebe den Essig in ein neues Glas und schon ist dein Kräuteressig startklar.

Armins Tipp:

Wenn du getrocknete Kräuter verwendest, nimm je Tasse getrocknete Kräuter 2 bis 3 Tassen Essig.

Essig aus Blüten oder Früchten

Intensiv duftende Blüten wie Holunderblüten oder Rosen kannst du für ein paar Wochen oder länger im Kühlschrank in Essig reifen lassen. Der Essig nimmt dabei nicht nur den Duft der Blüten an, sondern auch die Farbe. Genau das gleiche Prinzip ist auf Früchte jeglicher Art anwendbar. Nimm einfach, was gerade Saison hat.

Sauer eingelegte Pilze

Du kannst auch Pilze in Essig einlegen. Orientiere dich dabei am Rezept für die eingelegten Roten Rüben. Die daraus entstandene Flüssigkeit schmeckt sehr würzig und eignet sich daher ideal zum Verfeinern von Suppen und Saucen. Die Pilze haben einen angenehmen Biss und werden bei mir gerne als Dekoration zu einem Salat serviert.

WASSERKEFIR
ROTE RÜBE - HIMBEERE

Kefir

Der Name Kefir leitet sich vom türkischen Wort „keyif“ ab. Das bedeutet übersetzt „gutes Gefühl“ und genau das hinterlässt der Kefir auch mit seinem erfrischenden Prickeln im Bauch. Das gute Gefühl beginnt im Mund und verteilt sich über den Darm im gesamten Körper.

Es gibt den Wasserkefir und den Milchkefir. Sie unterscheiden sich in ihrer Zusammensetzung von Bakterien und Hefen und auch im Aussehen. Für beide Fermente benötigt man eine Starterkultur, die zum Großteil aus Milchsäurebakterien besteht. Beim Wasserkefir sind es gummiartige, durchsichtige Kristalle und beim Milchkefir sind die Knollen weiß und ähneln einem Cottage Cheese. Wasserkefir wird mit Zuckerwasser und Früchten gefüttert, während der Milchkefir am liebsten tierische Milch verzehrt. Die Herstellung von beiden Kefirarten geht sehr schnell. Viel schneller als andere Fermente. Nach ein bis zwei Tagen kann er bereits genossen werden. Der Wasserkefir lässt sich wie der Kombucha zwei Mal fermentieren. Beim Milchkefir ist das nicht üblich.

Man kann nie ein Ferment vor das andere stellen.

Auf die Frage, welche der beiden Kefirarten besser ist, gibt es keine allgemein gültige Antwort. Man kann nie ein Ferment vor das andere stellen. Es kommt immer darauf an, welches besser schmeckt, besser in den Alltag passt, man besser verträgt, besser zum persönlichen Ernährungsstil passt und ein besseres Gefühl im Bauch hinterlässt. Das ist für jeden Menschen anders, immerhin is(s)t auch jeder Mensch anders – und das ist gut so.

Wasserkefir ist fermentierte Limonade. Vielseitig, einfach, prickelnd, gesund, erfrischend und belebend. Die Ausgangsbasis bildet Wasser mit Zucker und Früchten. Auch Fruchtsäfte, Pflanzenmilch oder Tees mit verschiedensten Kräutern und Gewürzen können mit der Kultur fermentiert werden. Es wird vermutet, dass die Wasserkefir-Kristalle aus Mexiko von den Bakterien eines Feigenkaktus stammen oder aus Japan.

Milchkefir ist nach Joghurt eine weit verbreitete Kultur zum Fermentieren von Milch. Menschen rund um die ganze Welt halten schon lange Tiere, um deren Milch auf verschiedene Arten zu fermentieren. Viele traditionelle fermentierte Milcherzeugnisse verschwinden und machen den industriellen Herstellungsprozessen Platz. Gründe dafür sind Profitdenken und steigende Hygiene- und Sicherheitsvorschriften.

Milchkefir ist eines der ältesten bekannten fermentierten Milchprodukte und stammt ursprünglich aus dem Kaukasus, einer Hochgebirgsregion, die sich über Teile Russlands, Georgiens, Armeniens, der Türkei und Aserbaidschans erstreckt. Kefir-Knollen wurden dort in Familien von Generation zu Generation weitergereicht und als sehr kostbar angesehen. Sie waren wichtig zur Haltbarmachung von Milch und wurden zudem wegen ihrer gesundheitsfördernden Wirkung verehrt. Milchkefir wird auch als „Champagner der Milch“ oder „Getränk der Hundertjährigen“ bezeichnet. Milchsäurebakterien verdauen die Milch für uns Menschen vor. Sie spalten die Laktose in ihre Bestandteile Glukose und Galaktose und stellen daraus Milchsäure her. Das ist der Grund, warum fermentierte Milch sauer schmeckt, bekömmlicher ist und auch von Menschen mit einer Laktoseunverträglichkeit gut vertragen wird, wenn sie gut fermentiert ist. Milchsäurebakterien können sich im Darm ansiedeln und haben positive Effekte auf unsere Gesundheit. Zu den erwiesenen gesundheitlichen Vorteilen von fermentierter Milch gehören die Prävention von Magen-Darm-Infektionen und die Senkung des Cholesterinspiegels.

Tipp:

Wenn auch dir der Milchkefir oder ein anderes Ferment anfangs nicht schmeckt, bereite es dir so zu, dass es dir schmeckt. Da Fermente sauer sind, braucht es meist nur ein bisschen Süße, um deine Geschmacksknospen davon zu überzeugen. Mixe deinen Milchkefir mit ein paar süßen Früchten zu einem Shake. Du wirst ihn lieben! Die Kombination von süß und sauer macht Lust auf mehr.

Meine Erfahrung:

Milchkefir war mein erstes Ferment. Anfangs schmeckte er mir nicht und ich bekam seine Arbeit in meinem Bauch mit lästigen Blähungen zu spüren. Mein theoretisches Wissen über die Fermentation generell und den Milchkefir im Speziellen hat mir geholfen, nicht aufzugeben. Ich wusste, dass diese Nebenwirkungen nur am Anfang vorkommen, und genoss ihn in leckeren Shakes mit Früchten. Sehr bald verschwanden die lästigen Blähungen und die vielen gesundheitlichen Vorteile des Milchkefirs kamen zum Vorschein. Mit der Zeit stellten sich auch meine Geschmacksnerven auf die gute Milchsäure ein und ich bekam richtig Lust darauf.

Kefir-Starterkulturen

Für die Herstellung von Wasserkefir und Milchkefir benötigst du jeweils eigene Starterkulturen, die sich ein gummiartiges Zuhause aus Zellulose bilden und bei guter Pflege vermehren. Wie beim Kombucha sind auch die Kefir-Kulturen eine symbiotische Gemeinschaft von Bakterien und Hefen. Sie unterscheiden sich jedoch stark vom Kombucha und auch untereinander. Kefir enthält mehr Milchsäurebakterien und Hefen als Kombucha. Beim Kombucha hingegen dominieren die Essigsäurebakterien. Durch die höhere Anzahl an Hefen bekommt der Kefir ein stärkeres Prickeln und der Alkoholgehalt ist etwas höher.

Die **Wasserkefir-Starterkultur** besteht aus kleinen, weißlich durchscheinenden Körnchen, die schnell wachsen, wenn man sie regelmäßig füttert. Man nennt sie auch Wasserkefir-Kristalle, japanische oder tibetische Kristalle.

Die **Milchkefir-Starterkulturen** werden auch als Milchkefir-Knollen oder -Körner bezeichnet. Sie sind gummiartig, weiß bis gelblich und vergleichbar mit einem Cottage Cheese. Sie haben eine schleimige, aber feste Konsistenz.

Zucker für den Wasserkefir

Wie bei jedem anderen Ferment benötigen Mikroben u. a. Kohlenhydrate, die sie in Vitalstoffe, Säuren und andere gute Stoffe umwandeln. Im Wasser, welches die Basis für den Wasserkefir ist, finden die Mikroben keine Kohlenhydrate. Daher ist es wichtig, Zucker als Futter für die Mikroben hinzuzufügen. Im fertigen Wasserkefir ist nur noch ganz wenig Zucker enthalten. Wie viel Restzucker enthalten ist, hängt vor allem von der zugegebenen Zuckermenge, der Fermentationszeit, der Größe der Kefir-Kultur und der Temperatur ab. Nach 2–3 Tagen ist der gesamte Zucker bereits von den Mikroben aufgebraucht. Man kann den Zuckergehalt mit einem Hydrometer bestimmen oder einfach seine Geschmacksnerven als Messwerkzeug verwenden. Je saurer er ist, desto weniger Zucker ist enthalten. Mit der Zeit bekommt man ein gutes Gefühl dafür, wann einem der Kefir am besten schmeckt und guttut.

Geeignet sind alle Zuckerarten, die Kohlenhydrate enthalten, wie weißer Zucker, Vollrohrzucker, Rohrohrzucker, Kokosblütenzucker oder Ahornsirup. Nicht geeignet sind Zuckeraustauschstoffe und Süßstoffe wie Xylit oder Stevia, die keine Kohlenhydrate enthalten. Die Mikroben verhungern ohne Kohlenhydrate. Honig enthält zwar auch Kohlenhydrate, hat aber eine antibakterielle Wirkung, die der Kultur schaden könnte.

Milchzucker für den Milchkefir

Die Nährstoffbasis für den Milchkefir ist tierische Milch. Sie enthält bereits Kohlenhydrate in Form von Milchzucker bzw. Laktose. Es muss hier kein zusätzlicher Zucker mehr hinzugefügt werden. Je länger die Milch mit den Kefir-Knollen fermentiert, desto weniger Laktose ist in der Milch und desto saurer schmeckt die Milch natürlich auch. Bleibt etwas Laktose in dem Milchkefir, schmeckt er besser und die Restlaktose wird allgemein besser vertragen, da man gleichzeitig auch die guten Mikroben mittrinkt, die im Verdauungstrakt bei der Verstoffwechselung der Milch fleißig mithelfen.

Sauerstoff

Beide Kefirarten können mit oder ohne Sauerstoff arbeiten. Die Kefir-Kulturen produzieren jedoch bei unterschiedlichen Sauerstoff-Bedingungen andere Stoffe und bekommen auch einen anderen Geschmack. Unter Sauerstoff-Abschluss werden mehr Alkohol und Kohlendioxid gebildet. Der Überdruck im Gefäß muss gut im Auge behalten werden.

Früchte für den Wasserkefir

Wasserkefir braucht neben dem Zucker auch andere Nährstoffe wie bestimmte Vitamine und Mineralstoffe, die im Wasser nicht vorhanden sind. Daher wird das Zuckerwasser mit frischen oder getrockneten Früchten vermengt. Wichtig ist, dass auch immer eine Zitrusfrucht dabei ist, durch welche dem Wasserkefir das für ihn passende saure Milieu geschaffen wird. Milchkefir findet in der tierischen

Tipp:

Verwende für deinen Wasserkefir regionale Früchte der Saison. Damit bekommt er eine gute Abwechslung. Mit Hilfe eines Dörrgerätes kannst du das regionale Obst auch länger haltbar machen und für deinen Wasserkefir verwenden.

Meine Erfahrung:

Nicht immer habe ich eine Zitrone oder andere Zitrusfrucht für meinen Wasserkefir zuhause. Dann gebe ich einfach einen Schuss fertigen Wasserkefir zum neuen Wasserkefir-Ansatz.

Kein Metall

Achte darauf, dass du keine Metallgefäße oder Werkzeuge für die Kefir-Herstellung verwendest. Das Problem ist nicht das Metall selbst, sondern dass das Metall mit der Säure des Kefirs reagieren und die Kultur dadurch kaputtgehen kann. Gefäße und Werkzeuge aus Edelstahl sind möglich, da Edelstahl nicht mit der Säure reagiert.

Tipp:

Für die Reinigung deiner Kefir-Kulturen seihe den fertigen Kefir über ein Plastiksieb in eine Schüssel oder einen Messbecher ab und spüle die Kefir-Knollen danach mit lauwarmem Wasser.

Gefäße und Flaschen aus Glas

Am besten eignen sich für die Wasser- und Milchkefir-Herstellung Glasgefäße und Glasflaschen. Plastik enthält gesundheitsschädliche Weichmacher, die sich durch die Säure des Kefirs lösen können und in das Getränk übergehen.

Gefäße für die Milchkefir-Fermentation

Milchkefir kann mit oder ohne Sauerstoff fermentieren. Wichtig ist, dass er keine lästigen Besucher durch Staub, Mücken oder anderen Schmutz bekommt und gut abgedeckt wird. Wenn du ihn luftdicht verschließt, achte auf den Druck im Gefäß, da der Milchkefir Kohlensäure produziert.

Gefäße für die 1te Wasserkefir-Fermentation

Da auch der Wasserkefir mit oder ohne Sauerstoff arbeiten kann, hast du mehrere Möglichkeiten, in welchem Gefäß du ihn ansetzt. Ich empfehle eine breite Öffnung des Gefäßes, damit du die Früchte und Wasserkefir-Kristalle einfach aus dem Gefäß bekommst. Du kannst das Gefäß wie beim Kombucha mit einem Tuch und Gummiring abdecken, sodass Sauerstoff hineingelangt, aber kein Schmutz oder Staub. Wenn du ihn luftdicht verschließt, ist es wichtig, dass du regelmäßig den Druck im Gefäß entweichen lässt, da der Wasserkefir sehr fleißig Kohlensäure produziert.

Gefäße für die 2te Wasserkefir-Fermentation

Bei der zweiten Fermentation wird kein Sauerstoff benötigt. Glasflaschen, die luftdicht verschlossen werden können, sind gut geeignet. Zum Befüllen der Flaschen ist ein Trichter sehr hilfreich. Bei Flaschen mit einer etwas breiteren Öffnung lassen sich Früchte und Kräuter besser hinzufügen und entnehmen. Gereinigt werden können Flaschen mit Flaschenbürsten und heißem Wasser.

Tipp:

Wasserkefir enthält mehr Hefen als Kombucha und produziert daher mehr Kohlendioxid und Alkohol während der 2ten Fermentation unter Sauerstoffabschluss. Pass gut auf den Druck in der Flasche auf und öffne die Flaschen über einem Waschbecken. Sie können überschäumen.

Meine Erfahrung:

Den Wasserkefir halte ich für die 1te Fermentation in einem 3-l-Bügelglas, bei welchem ich die Bügel und den abdichtenden Gummiring entferne. Den Glasdeckel lege ich lose auf das Glas. So kann nur eine kleine Menge Sauerstoff in das Gefäß und der Druck gut entweichen. Das Glas bietet genug Platz für die Kristalle, die sich dort entfalten können, und die Öffnung des Glases ist groß genug, sodass ich die Früchte wieder gut daraus entfernen kann.

Grundanleitungen: Milchkefir-Fermentation

Zutaten für 1 l Milchkefir:

1 l tierische Milch von Kuh, Schaf, Ziege usw.
1 Handvoll Milchkefir-Knollen

Material:

1 Plastiksieb
1,5-l-Glas oder Kanne
Glasverschluss oder Abdecktuch und Gummiring

Fett-, Eiweiß-, Vitamin- und Mineralstoffgehalt des Milchkefirs entsprechen in etwa der verwendeten Milchbasis. Je besser die Qualität der Basismilch ist, desto besser ist die Qualität des Kefirs. Biomilch weist einen besonders hohen Gehalt an Omega-3-Fettsäuren auf, wie auch der daraus entstandene Kefir. Der Milchzucker wird während der Fermentation verbraucht bzw. umgewandelt, ist dieser fast gar nicht mehr im Endprodukt vorhanden. Bei der Fermentation entstehen Kohlendioxid und Alkohol, der Milchkefir wird sehr prickelnd. In jedem Milliliter sind außerdem eine Million bis eine Milliarde gutmütige Bakterienstämme. Kaum ein industriell hergestelltes Produkt kann da mithalten! Du kannst jede tierische Milch verwenden. Mit Rohmilch (nicht über 40 °C erhitzen), steigerst du die Qualität des Kefirs. Manche Milchproteine wirken schützend auf unser Immunsystem. Viele sind jedoch hitzeempfindlich. Sie verändern ihre Struktur beim Erhitzen und verlieren ihre biologische Funktionalität. Die Rohmilch ist daher wertvoller und kann sogar vor Allergien schützen. Sie bildet aber auch einen Nährboden für gefährliche Bakterien, daher ist besondere Vorsicht geboten.

Meine Erfahrung:

Für meinen Milchkefir hole ich mir die Rohmilch aus dem Heimatort direkt vom Fass. Damit produziere ich keinen Müll und bekomme frischen Milchkefir in bester Rohkostqualität.

» VIDEO
Milchkefir

Tipp:

Wenn du aus Pflanzendrinks veganen Milchkefir herstellen möchtest, verwende dazu Wasserkefir-Kristalle.

1. Fermentiere die Milch

Gib die Milch mit der Knolle in das Gefäß. Vermenge die Knollen mit einem Plastikteigschaber gut mit der Milch und decke das Gefäß luftdicht verschlossen oder nur mit einem Abdecktuch und Gummiring ab.

Temperatur, Zeit und Ort

Innerhalb von 18 bis 24 Stunden fermentiert die Milch bei Zimmertemperatur ohne direkte Sonneneinstrahlung zu Milchkefir. Dabei dient der Milchzucker der Kefir-Knolle als Nahrung. Optimieren kannst du den Fermentationsprozess, indem du während dieser Zeitspanne den angesetzten Kefir mehrmals vorsichtig mit einem Plastikteigschaber umrührst. Das Ergebnis fällt je nach verwendeter Milchbasis, Temperatur, Fermentationsdauer und der Zusammensetzung der Kefir-Knolle unterschiedlich aus. Je länger der Fermentationsprozess dauert, desto säuerlicher wird der Kefir. Bei kühleren Temperaturen (im Kühlschrank beispielsweise) verlangsamt sich der Fermentierungsprozess.

Der Geschmack entwickelt sich bei kälterer Umgebung eher Hefe-Ethanol-artig und weist einen höheren Alkohol- und Kohlendioxid-Gehalt auf. In wärmeren Räumen wird der Kefir eher säuerlich, da die Milchsäure dominiert. Grund dafür ist, dass in der Knolle viele verschiedene Bakterien- und Hefekulturen vorhanden sind, die unterschiedliche Temperaturanforderungen haben, um zu gedeihen.

Wenn du das Gefäß mit dem Milchkefir luftdicht verschließt und bei Zimmertemperatur fermentieren lässt, behalte das Glas wegen dem darin entstehenden Überdruck im Auge und lüfte es regelmäßig.

2. Gieße deinen Milchkefir ab

Die Milchkefir-Fermentation ist abgeschlossen, wenn der Milchkefir den gewünschten Geschmack erreicht hat. Gieße den Milchkefir durch ein Plastiksieb ab und fange ihn in einer Schüssel oder einem Messbecher auf. Er ist bereit zum Trinken oder Weiterverarbeiten. Wasche die Kefir-Knollen unter fließendem Wasser lauwarm ab und gib sie in eine frische Milch. Damit beginnt der Prozess von vorne. Die Kefir-Knollen selbst nehmen bei kontinuierlicher Verwendung an Größe zu und teilen sich regelmäßig.

Lagerung und Haltbarkeit

Wenn du deinen abgegossenen Milchkefir nicht sofort trinkst, stelle ihn in den Kühlschrank. Die Haltbarkeit ist, wie bei jedem anderen Ferment, eine Frage des Geschmacks. Auch im Kühlschrank verändert sich der Milchkefir weiter. Ich empfehle, ihn innerhalb von 14 Tagen aufzubrauchen.

Wasserkefir – 1te Fermentation

Zutaten für 1 l Wasserkefir:

1 l Wasser
60 g Zucker
1 Stück frisches Obst oder
20 g Bio-Trockenfrüchte nicht geschwefelt ohne Zusatzstoffe
2 Scheiben Bio-Zitrone
1 Handvoll Wasserkefir-Kristalle

Material:

1 Plastiksieb
1,5-l-Glas oder Kanne
Glasverschluss oder Abdecktuch und Gummiring

Tipp:

Stelle den Wasserkefir nicht neben andere Fermente oder Pflanzen. Jedes Ferment hat unterschiedliche Mikroben und auch auf den Pflanzen befinden sich welche. Sie können die gewünschte Fermentation negativ beeinflussen.

Meine Erfahrung:

Als ich meinem Kombucha für eine größere Menge mehr Platz in meinem Haushalt gab, gefiel das meiner Wasserkefir-Kultur nicht gut. Sie arbeitete langsamer und begann zu schrumpfen. Ich besorgte mir nach einiger Zeit neue Kristalle, da sie mir fehlten, und gab ihnen einen neuen Platz, weit weg von meinen Kombucha-Kulturen und schenkte ihnen wieder mehr Aufmerksamkeit. Die Wasserkefir-Kultur dankte es mir mit wunderbar spritzigem und erfrischendem Wasserkefir, den ich nun wieder – neben meinem Kombucha – jeden Tag genießen kann.

Tipp:

Verwende für die 1te Fermentation gezuckerten Tee für eine bunte Farb- und Aromavielfalt. Beim Wasserkefir kannst du jeden Tee deines Geschmacks verwenden.

2. Fermentiere das Zuckerwasser

Schneide das frische Obst oder die Trockenfrüchte grob, sodass die Mikroben gut zu dessen Inhaltsstoffen gelangen. Füge sie mit der Zitronenscheibe und den Wasserkefir-Kristallen zu dem zimmerwarmen Zuckerwasser und decke das Gefäß luftdicht verschlossen oder mit einem Abdecktuch und Gummiring ab.

1. Bereite das Zuckerwasser zu

Koche 300 ml Wasser und löse den Zucker darin auf, bevor du es mit 700 ml kaltem Wasser auffüllst und gut durchrührst. Dadurch löst sich der Zucker schneller auf, wird durch das kalte Wasser ausgekühlt und ist sofort bereit für den Wasserkefir-Ansatz. Durch das heiße Wasser wird außerdem die Gefahr von entstehender Kahmhefe verringert, die sich als weiße Schicht auf der Oberfläche ausbreitet und gerne mit Schimmel verwechselt wird, welcher kreisförmig wächst. Kahmhefe ist zwar gesundheitlich unbedenklich, aber nicht gut für den Geschmack des Kefirs.

Temperatur, Zeit und Ort

Die Kefirkristalle benötigen für ihre Arbeit Zimmertemperatur und vertragen keine direkte Sonne. Die Fermentationsdauer liegt bei 1–3 Tagen und richtet sich nach deinem persönlichen Geschmack, der Zusammensetzung des Kefiransatzes und der Temperatur. Wenn du das Gefäß mit dem Wasserkefir luftdicht verschließt und bei Zimmertemperatur fermentieren lässt, behalte das Glas wegen dem darin entstehenden Überdruck im Auge und lüfte es regelmäßig.

Tipp:

Gib deine Wasserkefir-Kristalle in einen Fruchtsaft und verschließe die Flasche luftdicht. Lasse sie für einen Tag luftdicht verschlossen fermentieren und achte dabei besonders auf den Überdruck. Der Fruchtsaft enthält viel Zucker, der von den Hefen des Wasserkefirs zu Kohlendioxid und Alkohol fermentiert. Das Ergebnis ist ein wunderbar spritziges, fruchtiges, süß-säuerliches und leicht alkoholisches Getränk, mit welchem du auf deiner nächsten Party deine Gäste überraschen kannst. Gib ihnen aber nicht zu viel davon. Wenn deine Gäste noch nicht viel Erfahrung mit frischen, lebendigen Fermenten haben, können sie Bauchschmerzen und Blähungen davon bekommen.

3. Gieße deinen Wasserkefir ab

Sobald der Wasserkefir den gewünschten Geschmack erreicht hat, ist er fertig und du kannst ihn durch ein Plastiksieb abgießen und in einer Schüssel oder einem Messbecher auffangen. Er ist bereit zum Trinken, Weiterverarbeiten oder für die 2te Fermentation. Wasche die Wasserkefir-Kristalle unter fließendem Wasser lauwarm ab und gib sie in ein frisch zubereitetes Zuckerwasser mit Früchten und Zitronenscheibe. Damit beginnt der Prozess von vorne. Die Wasserkefir-Kristalle selbst nehmen bei kontinuierlicher Verwendung an Größe zu und teilen sich regelmäßig.

Meine Erfahrung:

Der Wasserkefir arbeitet sehr schnell. Im Alltag fehlt mir oft die Zeit, meinen Wasserkefir täglich mit frischen Früchten anzusetzen. Ein Mal pro Woche erneuere ich die Früchte und reinige das Gefäß und die Kristalle. In der Zwischenzeit schöpfe ich den fertigen Wasserkefir für meine 2te Fermentation ab und gieße den Wasserkefir für die 1te Fermentation mit frischem Zuckerwasser auf.

Geschmack, Farbe und Prickeln bekommst du mit einer 2ten Fermentation.

Wasserkefir – 2te Fermentation

Zutaten für 1 l Wasserkefir:

1 l Wasserkefir aus der 1ten Fermentation

Optional:

300 ml Früchte- oder Kräutertee
10–20 g Zucker
Aromen nach Geschmack (Früchte, Kräuter, Gewürze ...)

Material:

1–1,5-l-Flaschen (Rex Flaschen von Müller Glas, Flaschen mit Schraubverschluss oder mit Bügelverschluss)

1. Koche den Tee (optional)

Vor allem, wenn dein Wasserkefir aus der 1ten Fermentation sehr sauer ist, empfehle ich etwas gesüßten Tee zum Verdünnen zu kochen. Hat der Wasserkefir bereits ein gutes Verhältnis von süß und sauer, ist das nicht notwendig. In der 2ten Fermentation werden keine Kristalle hinzugefügt. Die Intensität, Süße und Menge des Tees richten sich nach deinem persönlichen Geschmack. Wichtig ist, dass der Tee Zimmertemperatur hat, bevor er weiterverwendet wird. Je mehr Zucker du bei der 2ten Fermentation hinzufügst oder noch Restzucker aus der 1ten Fermentation vorhanden ist, desto mehr Kohlensäure bekommst du in deinen Wasserkefir.

ABER ACHTUNG: Auch die Gefahr von Überdruck in der Flasche wird größer. Denn jetzt werden die Hefen aktiv, die keinen Sauerstoff benötigen und Kohlendioxid produzieren.

2. Fermentiere den Wasserkefir ein zweites Mal

Wenn du für deine 2te Wasserkefir-Fermentation Tee gekocht hast, probiere, ob der Tee ausgekühlt ist, und vermenge ihn mit dem abgegossenen Wasserkefir aus der 1ten Fermentation. Fülle den mit Tee verdünnten oder puren Wasserkefir in Flaschen ab und füge Früchte, Kräuter oder andere Aromen nach deinem persönlichen Geschmack hinzu.

Temperatur, Zeit und Ort

Verschließe die Flaschen luftdicht und stelle sie für 1–2 Tage an einen Ort bei Zimmertemperatur ohne direkte Sonneneinstrahlung. Solange der Wasserkefir bei Zimmertemperatur luftdicht verschlossen fermentiert, wird Kohlendioxid gebildet, wodurch der Wasserkefir schön prickelnd wird.

ABER ACHTUNG: Es kann ein Überdruck in der Flasche entstehen und beim Öffnen überschäumen oder sogar explodieren. Lüfte die Flasche zwei Mal täglich über einem Waschbecken, solange du sie bei Zimmertemperatur aufbewahrst. Je wärmer es ist und je mehr Zucker die Hefen während der 2ten Fermentation vorfinden, desto mehr Kohlendioxid produzieren sie. Im Kühlschrank werden die Hefen wieder inaktiver und ein regelmäßiges Lüften ist nicht mehr notwendig.

Tipp:

Du kannst den Wasserkefir aus der 1ten Fermentation auch einfach mit etwas Wasser oder Zuckerwasser verdünnen, wenn er zu sauer ist, und die Aromen für die 2te Fermentation hinzufügen. Setze deiner Kreativität dabei keine Grenzen und lass dich von der Natur inspirieren.

Meine Erfahrung:

Im Frühsommer, wenn der Holunder zu blühen beginnt, komme ich von meinen Spaziergängen nie ohne ein paar frische Holunderblüten zurück. Zuhause gebe ich sie mit meinem Wasserkefir für die 2te Fermentation in Schraubverschlussflaschen mit breiter Öffnung und kann es kaum erwarten, davon zu kosten. Bereits am nächsten Tag schmeckt der Wasserkefir wunderbar erfrischend und prickelnd nach Holunderblüten und lässt mich mit all meinen Sinnen in den aufblühenden Sommer eintauchen.

3. Kühle und genieße deinen fertigen Wasserkefir

Die 2te Fermentation ist abgeschlossen, wenn der Wasserkefir den gewünschten Geschmack erreicht hat. Jetzt gibt es nur mehr eines zu tun: Kühlen und genießen.

Lagerung

Wenn dein Wasserkefir nach der 1ten oder 2ten Fermentation den gewünschten Geschmack erreicht hat, entferne die hinzugefügten Aromen aus der Flasche und stelle ihn in den Kühlschrank. Solange du deinen Wasserkefir warm lagerst, sind die Mikroben sehr aktiv und produzieren Säuren und auch Kohlensäure, wodurch dein Wasserkefir zwar nicht schlecht wird, aber immer saurer schmeckt und ein Überdruck in der Flasche entstehen kann. Die Flasche kann sogar explodieren und großen Schaden anrichten. Der Druckaufbau im Glasbehälter lässt sich nur schwer einschätzen. Er muss regelmäßig überprüft werden. Bei einer kühlen Lagerung ist das nicht mehr notwendig.

Haltbarkeit

Die Haltbarkeit des Wasserkefirs ist Geschmackssache. Auch bei einer kühlen Lagerung sind die Mikroben ein wenig aktiv und verändern den Geschmack weiter. Er verdirbt dadurch nicht, wird aber immer saurer.

Meine Erfahrung:

Da der Wasserkefir sehr schnell zum Trinken bereit ist, passe ich die angesetzte Menge an meine Trinkmenge an. Nach der 2ten Fermentation kühle ich ihn kurz und genieße ihn. Da er mir so gut schmeckt und guttut, bleibt nicht viel davon für eine längere Lagerung übrig.

Der Milchkefir kann wie Joghurt oder Buttermilch pur verzehrt werden. Man kann ihn auch in einem Rezept wie Joghurt oder Buttermilch weiterverarbeiten. Beachte, dass hohe Temperaturen die probiotischen Eigenschaften des Milchkefirs zerstören können. Besonders gut und erfrischend macht sich der Milchkefir in einem Früchte-Shake.

Erfrischender Milchkefir-Früchte-Shake

Zutaten für 1 l Milchkefir:

½ l Milch-Kefir
1 Handvoll Obst oder Beeren nach Saison und Geschmack
1 Banane
1 EL Nussmus
Früchte oder Beeren für die Deko

Zubereitung:

Mixe alle Zutaten zu einem cremigen Shake und serviere ihn mit frischen Früchten oder Beeren dekoriert.

Tipp:
Besonders cremig wird der Smoothie mit einer in Stücke geschnittenen, gefrorenen Banane.

Melonen-Minze-Wasserkefir

Zutaten:

300 ml Wasserkefir
300 g Wassermelone entkernt und in Stücke geschnitten
200 g Tiefkühlbeeren
1 EL frisch gepresster Zitronen- oder Limettensaft
2 EL frische Minzblätter
Frische Minzblätter für die Deko

Optional:

1 EL Nussmus

Zubereitung:

Alle Zutaten sehr fein mixen, kurz kühlen und mit einem Minzblatt dekoriert servieren.
Lagere den Melonen-Minze-Wasserkefir nicht zu lange im Kühlschrank. Die Melone kurbelt den Fermentationsprozess stark an und verändert den Geschmack des Shakes sehr schnell.

Tipp:

Serviere den Melonen-Minze-Wasserkefir als Cocktail mit Eiswürfeln und Prosecco.

Häufig gestellte Fragen zu Kefir

Wie vermehren sich meine Kefir-Kulturen?

Kefir-Kulturen vermehren sich bei kontinuierlicher Verwendung, wenn sie genug Zucker, Früchte und Zitrusfrüchte bekommen und bei Zimmertemperatur arbeiten dürfen. Im Winter vermehren sie sich weniger schnell, im Frühling und im Sommer können sie sich sogar innerhalb eines Ansatzes verdoppeln.

Was mache ich mit zu vielen Kefir-Kulturen?

Kefir-Kulturen sind eine gute Kombination von Pro- und Präbiotika. Du kannst sie essen. Gib sie in dein Müsli oder mixe sie in deinem Shake mit. Sie kurbeln deine Verdauung so richtig an. Ich empfehle deswegen nur kleine Mengen davon zu essen. Du kannst sie auch verschenken, zum Kompost geben oder für deine Gartenpflege verwenden.

Ist Alkohol im Kefir?

Bei jedem Fermentationsprozess entsteht immer auch etwas Alkohol. Das ist bei Kefir so und auch beim Sauerkraut. Es sind die Hefen, die den Alkohol produzieren und vor allem bei der 2ten Fermentation unter Sauerstoffabschluss aktiv werden. Der Kefir enthält mehr dieser Hefen als der Kombucha. Der Alkoholgehalt hängt von der Zubereitungsart und -dauer ab und schwankt zwischen 0,06 und 3 %. Zuhause produzierter Kefir enthält in der Regel durchschnittlich 0,5–1 % Alkohol. Durch einen luftdurchlässigen Verschluss und wenig Umrühren während der Fermentation sowie eine Lagerung des fertigen Milchkefirs im Kühlschrank kannst du den Alkoholgehalt niedrig halten. Wusstest du, dass auch in Obstsäften wie Apfelsaft und Orangensaft eine geringe Menge Alkohol enthalten ist?

Wie viel Kefir darf es sein und wann soll ich ihn am besten trinken?

Für den Kefir gibt es keine genauen Trinkanweisungen. Die Trinkmenge und -zeit richten sich nach deinem persönlichen Empfinden. Ich empfehle mit einem kleinen Glas zu beginnen und die

Wirkung abzuwarten, bevor du ein größeres Glas Kefir trinkst. Neue lebendige Mikroben besiedeln den Darm. Sie haben viele gesundheitliche Vorteile, müssen sich aber erst Platz machen und andere verdrängen. Diese Kämpfe kannst du anfangs durchaus spüren. Wichtig ist: Nicht gleich aufgeben! Nach zwei bis drei Wochen sollten sich aufgetretene Nebenwirkungen wieder verabschieden und die positiven Wirkungen nach und nach spürbar werden. Dann kannst du die Trinkmenge auch steigern. Wenn dir der Kefir sehr gut schmeckt, kann es auch vorkommen, dass du zu viel davon trinkst. Eine Trinkmenge zwischen 250 ml und 500 ml täglich ist eine gute Orientierung. Wann du deinen Kefir trinkst und ob du ihn pur oder verdünnt trinkst, ist deine Entscheidung.

Was mache ich mit meinen Kefir-Kulturen, wenn ich eine Kefir-Pause machen möchte?

Gib deine Wasserkefir-Kristalle in ein Schraubglas, verschlossen mit Zuckerwasser, einer Scheibe Zitrone und ein paar Früchten in den Kühlschrank und füttere sie ein Mal pro Woche mit frischem Zuckerwasser und neuen Früchten. Wenn du sie wieder weiterverwenden möchtest, kann es etwas dauern, bis deine Kristalle wieder richtig fit aus dem Winterschlaf erwacht sind. Gib ihnen ein bis zwei neue Ansätze Zeit. Milchkefir-Knollen lagerst du auf dieselbe Weise im Kühlschrank, nur nimmst du Milch anstatt des Zuckerwassers und den Früchten, die du am besten ein Mal pro Woche erneuerst.

Sind meine Kefir-Kulturen noch aktiv?

Die Kefir-Kulturen sind aktiv, solange sie den Zucker in Säuren umwandeln. Das schmeckt man und man erkennt es an den aufsteigenden CO^2-Blasen.

Was mache ich mit zu bitterem oder saurem Wasserkefir?

Ein bitterer oder zu saurer Geschmack beim Wasserkefir kann durch zu lange Fermentation, zu wenig Zucker, die verwendeten Zitrusfrüchte oder Früchte, zu warme oder zu kalte Fermentationstemperatur oder Kahmhefe entstehen. Du kannst ihn mit süßerem Wasserkefir, Wasser, Zuckerwasser oder gesüßtem Tee verdünnen.

Was ist Kahmhefe?

Hat sich an der Oberfläche deines Kefirs eine weiße, netzartige Schicht gebildet, ist das Kahmhefe. Sie ist gesundheitlich unbedenklich, liefert aber auch keine Vorteile. Sie kann den Geschmack und die Farbe des Kefirs negativ verändern. Im Vergleich dazu erkennt man Schimmel an den Haaren und daran, dass er kreisförmig wächst. Sobald ein Schimmel den Kefir befallen hat, müssen die Kulturen und der Kefir entsorgt werden.

Tipp:

Kahmhefe kannst du vermeiden, indem du dein Gefäß und die Kefir-Kulturen bei jedem neuen Ansatz reinigst und den Kefir keinen Temperaturschwankungen aussetzt.

Darf ich Kefir während der Schwangerschaft oder Stillzeit trinken?

Es gibt keine klaren Aussagen dazu, ob man Kefir in der Schwangerschaft trinken darf oder nicht. Ich empfehle, den Alkoholgehalt nicht durch die 2te Fermentation zu fördern. Die Entscheidung trifft natürlich jede Frau für sich. Betonen möchte ich hier, wie wichtig eine gesunde Darmflora für eine werdende und stillende Mutter ist, da sie die Basis bildet für die Erstbesiedelung des Neugeborenen und die Muttermilch. Da hilft der Kefir mit seinen vielen guten Bakterien. Außerdem möchte ich die Vielzahl an Vitaminen und Mineralstoffen hervorheben, die im Kefir und anderen fermentierten Getränken stecken und welche gerade während der Schwangerschaft und Stillzeit so wichtig sind.

Dürfen Kinder Kefir trinken?

Auch dazu gibt es keine eindeutigen Aussagen. Kefir enthält jedoch so viele wertvolle Inhaltsstoffe und gute Bakterien für eine gesunde Darmflora, die auch für Kinder wichtig sind und deren Ernährung wunderbar ergänzen können. Ich empfehle, den Alkoholgehalt im Kefir für Kinder nicht durch die 2te Fermentation zu fördern.

Gut zu wissen!

Wasserkefir-Hefen findet man auch in Bier und Sauerteig

Wasserkefir enthält eine bestimmte Hefe namens Saccharomyces cerevisiae, die auch für die Bierherstellung und beim Brotbacken verwendet wird. Je nachdem, welche Nährstoffe, welche Bedingungen und welches Medium grundsätzlich eine Mikrobe vorfindet, verhält es sich anders. So ist es auch mit dieser Hefe. Sie übernimmt bei der Wasserkefir-Herstellung ganz andere Aufgaben als bei der Bierherstellung oder bei der Fermentation im Sauerteig und produziert andere Stoffwechselprodukte. Ein und dieselbe Mikrobe kann also unterschiedliche Produkte und unterschiedliche Geschmäcker herstellen. Je nachdem, was sie bekommt, wo sie zuhause ist und wer ihr dabei hilft. Das ist wie bei uns Menschen. Wir verhalten uns auch anders, wenn wir beispielsweise Alkohol statt Wasser getrunken haben.

Wasserkefir hilft bei Allergien

Es konnte nachgewiesen werden, dass Wasserkefir bei Allergien und allergischen Schüben helfen kann. Viele Allergiker meiden Fermente aufgrund der enthaltenen Histamine. Dabei kann die Zusammensetzung von fermentierten Lebensmitteln helfen, dass sich der Darm wieder reguliert und Histamin besser abbauen kann. Was spricht also dagegen, ein bisschen Wasserkefir zu probieren und, wenn er gut vertragen wird, die Menge langsam zu steigern?

Wasserkefir wirkt antioxidativ

Wasserkefir ist in der Lage, freie Radikale abzufangen, welche der Körper bei Stress, Entzündungen, Umweltbelastungen oder anderen Giften im Überfluss produziert. Diese können ihn belasten und zu chronischen Krankheiten führen. Antioxidantien sind Stoffe, die diese freien Radikalen im Körper abfangen und neutralisieren.

Wasserkefir hilft beim Abnehmen

Obwohl die Ausgangsbasis von Wasserkefir Zuckerwasser ist, wirkt er aufgrund der Vielzahl der enthaltenen Vitamine, Mineralstoffe, Säuren und lebendigen Mikroben gewichtsreduzierend und positiv auf Glukose- und Fettsäureprofile. Es ist wirklich erstaunlich, was Mikroben aus Zuckerwasser machen.

Wasserkefir schützt den Körper bei der Einnahme von Medikamenten vor Leberschäden

Medikamente können sehr belastend für den Körper sein und die Leber schädigen. Wasserkefir kann die Leber vor diesen Schäden schützen.

Kefir hilft bei Candida

Candida ist ein Pilz, der sehr unangenehm werden kann, wenn er die Überhand gewinnt. Betroffene leiden beispielsweise unter chronischer Müdigkeit, Kopfschmerzen oder Migräne, Heißhunger auf Süßes, Juckreiz an Schleimhäuten und am Darmausgang oder häufigen Infekten und Pilzerkrankungen im Genitalbereich. Mikroben im Kefir sind in der Lage, das Wachstum des Candida-Pilzes zu hemmen bzw. zu verhindern. Hilfreich ist außerdem ein eingeschränkter Zuckerkonsum.

Milchkefir kann also helfen, wenn unser Köper bereits mit einem Infekt zu kämpfen hat.

Besondere Wirkungen des Milchkefirs

Ein kurz fermentierter Milchkefir (max. 24 Stunden Fermentationszeit) kann helfen, Verstopfungen zu lösen. Wenn er länger als 24 Stunden fermentieren durfte, hilft er den Stuhl zu festigen und schmeckt intensiver.

Milchkefir hilft bei der Laktose-Verdauung

Der Milchkefir enthält Mikroben, die bei der Laktose-Verdauung helfen. Sie verstoffwechseln Laktose anstelle des im Körper dafür verantwortlichen Enzyms Laktase. Dadurch können Blähungen bei laktoseintoleranten Personen reduziert werden. Lange fermentierter Milchkefir ist nahezu laktosefrei.

Milchkefir wirkt wie ein selektives Antibiotikum

Als selektives Antibiotikum geht der Milchkefir nur den bösen Mikroben an den Kragen.

Die probiotische Wirkung von Milchkefir wurde belegt

Eine Studie über Milchkefir aus dem Jahr 2016 bestätigt seine komplexe probiotische Wirkung auf unseren menschlichen Organismus. Die guten Mikroben schaffen es nachweislich bis in den Darm und können sich dort festsetzen. Grund dafür ist seine mikrobiologische und chemische Zusammensetzung mit seiner Vielfalt an aktiven Milchsäurebakterien, Essigsäurebakterien und Hefen, die sich gegenseitig unterstützen.

Milchkefir tötet Krankheitserreger ab

In einer Studie über Milchkefir aus 2016 konnte man feststellen, dass der Milchkefir schwere Krankheitserreger, die beispielsweise Durchfall oder Lungenentzündungen bewirken, bekämpfen und abtöten kann. Milchkefir kann also helfen, wenn unser Köper bereits mit einem Infekt zu kämpfen hat.

Milchkefir aus dem Supermarkt

Der im Supermarkt angebotene „Kefir mild" wird nur mit wenigen ausgesuchten Bakterien- und Hefestämmen hergestellt. Nur solche Stämme, die möglichst wenig Kohlendioxid produzieren und eine lange Haltbarkeit garantieren, werden dafür verwendet. Da auch der Geschmack einheitlich und mild gehalten werden soll, damit er der breiten Masse schmeckt, werden außerdem alle Bakterien und Hefen entfernt, die für besonders saure oder hefeartige Aromen und für einen erhöhten Ethanol-Gehalt sorgen. Die Laktose in der Milch bleibt zum großen Teil erhalten. Das Ergebnis ist ein Kefir, der mild im Geschmack ist und dem viele gesundheitsfördernde Eigenschaften fehlen. Die Herstellung des echten Kefirs ist für die Industrie aus mehreren Gründen keine Option. Der lebendige Fermentationsprozess des echten Kefirs könnte nicht ausreichend kontrolliert werden. Es kann dabei kein einheitlicher milder Geschmack erzeugt werden. Die Transport- und Lagerkosten wären erheblich höher und mit dem variierenden intensiveren Geschmack könnte nicht die breite Kundenmasse angesprochen werden. Diese Faktoren widersprechen dem wirtschaftlichen Hauptziel, Profit zu machen.

Joghurt

Joghurt entstand durch Zufall. Es wurde die Milch draußen stehen gelassen, wobei Bakterien von der Kuh beim Melken oder aus der Luft in den Behälter gelangten und die Milch dadurch fermentierte und eindickte. Gute Joghurtkeime wurden weitergezüchtet, indem man einen Löffel davon in die nächste Portion Milch gab. Im Gegensatz zu heutigen Joghurtprodukten waren früher viele verschiedene Bakterien am Werk.

Heute gibt es genormte Herstellungsprozesse, bei welchen nur mehr mit wenigen ausgewählten Bakterien gearbeitet wird. Hinzu kommt, dass die Milch vor der Weiterverarbeitung erst erhitzt wird, um eventuelle Krankheitserreger abzutöten. Dabei sterben allerdings auch potenzielle Joghurtbakterien.

Milchsäurebakterien haben nichts mit der Milch zu tun. Sie wurden nur als Erstes in fermentierter Milch entdeckt und bekamen daher ihren Namen. Sie spielen jedoch auch eine wesentliche Rolle bei der wilden Fermentation von Gemüse und sind einfach überall.

Es gibt „Ur-Milchsäurebakterien", die in alten bulgarischen Joghurtkulturen vorkommen. Heute weiß man, dass sich diese „Ur-Milchsäurebakterien" nicht in unserem Darm ansiedeln können, und hat sie weiterentwickelt.

Die Milchsäurebakterienstämme, die heute für die Joghurtzubereitung verwendet werden, schaffen es bis in den Darm und wirken probiotisch. Dabei muss klar zwischen einem nur kurz fermentierten, lange transportierten und gelagerten, industriell hergestellten Joghurt und einem lange fermentierten, selbst gemachten oder regional fermentierten Joghurt ohne Transportwege mit nur kurzer Lagerung unterschieden werden.

100 g selbst gemachtes Joghurt, das 12 Stunden fermentieren durfte, enthält so viele probiotische Bakterien wie 10 probiotische Kapseln.

Industriell hergestellte Joghurts haben diese Dichte an probiotischen Bakterien nicht, da sie oft nur vier Stunden fermentieren dürfen,damit Zeit bei der Herstellung gespart wird. Dabei ist es wichtig zu wissen, dass sich die guten Bakterien im Joghurt alle dreißig bis sechzig Minuten verdoppeln, wodurch sich ihre Anzahl exponentiell erhöht und jede weitere Stunde einen großen qualitativen Unterschied macht. Ein Joghurt, das fünf Stunden fermentieren durfte, hat mindestens doppelt so viele Milchsäurebakterien, wie eines, das nur vier Stunden fermentiert hat, usw. Dazu kommt, dass Joghurts aus der Industrie noch lange transportiert und gelagert werden, bis sie im Darm des Endverbrauchers landen. In dieser Zeit sterben von den wenigen vorhandenen Bakterien viele wieder ab, bevor sie überhaupt im Kühlschrank zuhause landen.

Ein gutes Joghurt durfte acht bis zwölf Stunden lang fermentieren.

Nicht nur, dass selbst fermentiertes Joghurt viel gesünder ist und man weniger Müll damit produziert, es ist auch viel kostengünstiger und vielseitiger. Man kann jede Milch – auch pflanzliche Milch – zu deinem persönlichen Lieblingsjoghurt fermentieren. Und dabei geht es ganz einfach. Du brauchst nur

Milch, gute Joghurtkulturen und eine konstante Temperatur von ca. 40 °C. Es handelt sich dabei um eine Fermentation mit Starterkulturen, bei welcher die Starterkulturen lose bleiben und sich kein Zuhause aus Zellulose bilden, so wie das beispielsweise bei Kefir der Fall ist.

Gute aktive Joghurtkulturen für den Start sind in einem Joghurt, welches noch nicht zu lange gelagert wurde, oder es gibt sie auch als Starterkulturpulver abgepackt in Säckchen zu kaufen. Hast du dein erstes Joghurt selbst fermentiert, kannst du dieses bis zu 10 Mal als Starterkultur für dein nächstes Joghurt weiterverwenden. Du wirst merken, dass sich mit der Zeit die Konsistenz des Joghurts verändert und es nicht mehr so gut schmeckt. Dann ist es an der Zeit, ein neues Joghurt oder Pulver als Starterkultur für deine nächsten 10 Joghurtansätze zu kaufen.

Meine Erfahrung:

Bessere Erfahrungen habe ich mit einem Joghurt als Starterkultur gemacht. Ob und wie die Joghurtfermentation funktioniert und wie der Geschmack und die Konsistenz des fertigen Joghurts ist, hängt sehr stark von der verwendeten Milch und dem Starter-Joghurt ab.

Heute hat jede Joghurtmarke ihre eigene Zusammensetzung an verschiedenen Milchsäurebakterien. Ob sich ein gekauftes Joghurt gut für die Weiterverarbeitung für selbst gemachtes Joghurt eignet, hängt einerseits von der Zusammensetzung dieses Joghurts ab und andererseits davon, wie aktiv die Milchsäurebakterien in diesem Joghurt noch sind. Das hängt wiederum davon ab, wie lange das Joghurt bei der Herstellung fermentieren durfte und wie lange es transportiert und gelagert wurde.

Meine Erfahrung:

Ich habe sehr lange mit verschiedensten pflanzlichen Milchsorten – von Getreidemilch über Nussmilch bis hin zu Sojamilch – von den verschiedensten im Handel angebotenen Marken ausprobiert, bis ich ein veganes Joghurt als Ergebnis bekommen habe, welches die richtige Konsistenz hat, ohne dass ich noch weiter mit Verdickungsmitteln arbeiten musste. Es hat auch den richtigen Joghurt-Geschmack.

Gerade bei den veganen Joghurts macht es einen großen Unterschied, welche Milch man nimmt. Kurz vor dem Aufgeben versuchte ich es mit der Sojamilch von der Marke „Ja Natürlich!" und das Ergebnis war überraschend gut. Das Sojajoghurt wurde stichfest und doch cremig. Es ist gut, erfrischend säuerlich im Geschmack und hält sich sehr lange im Kühlschrank. Der Geschmack und die Konsistenz bleiben auch nach dem 10ten Joghurtansatz gleich und ich muss kein Sojajoghurt mehr als Starter kaufen. Die Zutaten: Sojabohnen, Wasser und lebendige Joghurtkulturen. Es braucht keine weiteren Zusatzstoffe. Einfach genial! Seither verwende ich keine andere pflanzliche Milch mehr. Dieses Sojajoghurt ist fixer Bestandteil in meiner Küche und ich möchte es nicht mehr missen.

Tipp:

Joghurts, die in Supermärkten immer schnell vergriffen sind, eignen sich gut zum Starten von selbst gemachten Joghurts, da sie nicht lange im Kühlregal gelagert werden müssen und daher aktiver sind. Wenn du beim ersten Mal nicht sofort den gewünschten Geschmack oder die gewünschte Konsistenz bekommst, dann probiere es einfach mit einem anderen Joghurt wieder. Gib nicht auf!

Veganes Joghurt

Verwende für veganes Joghurt eigene vegane Joghurtkulturen oder ein pflanzliches Joghurt als Starterkultur und pflanzliche Milch.

Gefäße und Werkzeuge

Bei der Fermentation von Joghurt ist es wichtig, die Joghurtkulturen gut in der Milch zu verteilen und ihnen konstant die richtige Temperatur von ca. 40 °C zu geben. Anders als beim Kefir spielt beim Joghurt die konstant warme Temperatur eine wesentliche Rolle, damit die Fermentation funktioniert. Kefir ist in dieser Hinsicht einfacher zu handhaben. Solange es ihm nicht zu heiß oder zu kalt wird, arbeitet er und produziert je nach Umgebungstemperatur andere Stoffe. Die Temperatur beim Joghurt hingegen muss während der Fermentationszeit von 8 bis 12 Stunden kontrolliert werden. Dafür gibt es mehrere Möglichkeiten. Ich habe gute Erfahrungen mit einem Dörrgerät mit Einschubladen oder einem Joghurtbereiter gemacht. Früher hat man die geimpfte Milch in ein Handtuch eingewickelt und mit ins Bett genommen. Auch das kannst du probieren.

Schneebesen

Damit du die Joghurtkulturen gut in die Milch einrühren kannst, verwende einen Schneebesen. So impfst du die Milch.

Schraubgläser

Wenn du ein gutes Dörrgerät mit Einschubladen zuhause hast, kannst du die geimpfte Milch in Schraubgläser abfüllen, die in dein Gerät passen und die du immer wieder dafür verwenden kannst.

Dörrgerät

Damit du Joghurt in einem Dörrgerät fermentieren kannst, braucht dein Dörrgerät 2 Funktionen: Du musst die Temperatur auf 40 °C einstellen können und Platz haben für Schraubgläser. Das ist bei den meisten Dörrgeräten mit Einschubladen der Fall. Hilfreich ist auch, wenn das Gerät einen Timer hat, mit welchem du die Zeit einstellen kannst.

Meine Erfahrung:

Mein Dörrgerät ist sehr oft im Einsatz. Ich trockne damit Früchte, Kräuter und Wildkräuter, die ich von meinem Spaziergang in der Natur mitnehme und für die zweite Fermentation meines Wasserkefirs oder Kombuchas verwende oder einfach nur einen Tee daraus zubereite. Ich benötige es auch regelmäßig für fermentierte Nüsse und Samen, die ich zuerst mit Kombucha oder fermentierter Lake einweiche, damit Antinährstoffe abbaue und sie aktiviere, würze und dann für eine längere Haltbarkeit wieder trockne. Nüsse und Samen sind auf diese Weise viel bekömmlicher und schmecken besser. Mein Joghurt fülle ich zum Fermentieren in Gläser, die ich immer wieder verwende, und stelle sie auf den Boden des Gerätes. Es passen auch immer noch ein paar Einschübe mit Früchten, Kräutern, Nüssen oder Samen hinein. Was ich damit sagen möchte: Die Investition in ein gutes Dörrgerät zahlt sich auf jeden Fall aus, wenn du auf deine Gesundheit achtest und unabhängig sein möchtest.

Grundanleitung: Joghurt

Zutaten für 1 l Joghurt:

1 l Milch (tierische oder pflanzliche)
3 EL aktives Joghurt (tierisches oder pflanzliches, angepasst an die Milch)

Material:

Joghurtbereiter für 1 l Milch oder
Schraubgläser für 1 l Milch und ein passendes Dörrgerät

1. Temperiere die Milch

Die Milch, in welche du das Joghurt einrührst, soll nicht kalt sein, damit sich die guten Milchsäurebakterien sofort darin wohlfühlen. Sie soll aber auch nicht zu heiß sein, denn dann würden die Kulturen absterben. Erwärme daher die Milch am besten auf 40 °C, bevor du das Joghurt einrührst.

Meine Erfahrung:

Pflanzenmilch, die bei Zimmertemperatur gelagert wird, muss nicht extra temperiert werden. Ich lasse bei meinem Sojajoghurt diesen Schritt aus und beginne mit Schritt 2.

2. Verrühre das Joghurt in der Milch

Damit die Joghurtkulturen gut in der Milch verteilt sind, rühre das Joghurt mit einem Schneebesen in die Milch ein. So ist die Milch geimpft und bereit für die Fermentation.

3. Fermentiere die Milch

Im Dörrgerät:

Fülle die geimpfte Milch in Schraubgläser und stelle sie in das Dörrgerät. Fermentiere die Milch für 8 bis 12 Stunden bei 40 °C.

Im Joghurtbereiter:

Koche das Wasser für den Joghurtbereiter und fülle es in den isolierten Außenbehälter. Gib die geimpfte Milch in den Innenbehälter, welchen du dann in das heiße Wasser stellst. Verschließe den Joghurtbereiter und lasse die Milch darin für 8 bis 12 Stunden fermentieren.

4. Kühle und genieße das Joghurt

Dein selbst gemachtes und aktives Joghurt voller lebendiger guter Milchsäurebakterien ist fertig. So einfach und schnell geht selbst gemachtes Joghurt. Kühle es am besten noch, bevor du es genießt oder weiterverwendest.

Tipp:

Schmeckt dir dein selbst fermentiertes Joghurt gut, verwende es wieder für deinen nächsten Ansatz.

Selbst fermentiertes Joghurt kann wie jedes andere Joghurt auch in der Küche verwendet werden. Es schmeckt einfach nur besser und enthält um ein Vielfaches mehr Milchsäurebakterien.

Besonders gerne bereite ich mir aus meinem selbst fermentierten Sojajoghurt vegane und eiweißreiche Fladenbrote zu. Der Teig dafür ist schnell gemacht und hält sich bis zu einer Woche im Kühlschrank, sodass ich mir jederzeit schnell ein Fladenbrot zaubern und es nach Lust und Laune süß oder pikant belegen kann oder einfach als Beilage esse. Je länger der Teig im Kühlschrank auf seinen Einsatz wartet, desto säuerlicher wird er. Er geht aber nicht auf, so wie das bei den Sauerteig-Crumpets der Fall ist.

Eiweißreiche Einkorn-Fladenbrote

Zutaten:

400 g Vollkorn-Einkornmehl
300 g Joghurt
1 TL Salz

Material:

Mixer zum Teigmischen (wenn vorhanden, sonst einfach mit den Händen)
Beschichtete Pfanne mit Deckel zum Ausbacken

Tipp:

Einkorn ist bereits über 10.000 Jahre alt, also ein Getreide aus der Steinzeit, und es ist das erste kultivierte Getreide. Vollkorn-Einkornmehl hat einen höheren Eiweißgehalt als andere Getreidesorten. Im Vergleich zu Weizen enthält es 38 % mehr Eiweiß und zählt zu den Urgetreidesorten, die noch mit keinem anderen Getreide für eine wirtschaftlichere Produktion gekreuzt wurden.

1. Bereite den Teig zu

Gib das Mehl mit dem Joghurt und dem Salz in den Mixer und vermische es zu einer homogenen Teigmasse. Alternativ kannst du den Teig natürlich auch mit den Händen zubereiten.

2. Kühle den Teig

Gib den Teig in eine Schüssel, die du verschließen kannst und lasse ihn im Kühlschrank ruhen. Wenn es schnell gehen muss, kannst du den Teig auch sofort verwenden und Fladenbrote damit ausbacken. Besser und bekömmlicher ist der Teig, wenn er einen Tag im Kühlschrank ruhen durfte.

3. Backe die Fladenbrote

Erhitze eine beschichtete Pfanne, für die du auch einen Deckel hast. Nimm dir ein Stück Teig, forme es zu einer kleinen Kugel und drücke diese mit deinen Handballen flach und rund aus. Du kannst natürlich auch einen Teigroller dafür nehmen. Sobald die Pfanne heiß ist, lege das ausgerollte Fladenbrot hinein und gib den Deckel auf die Pfanne. Du brauchst kein Öl dafür. Sieh nach 1 bis 2 Minuten nach, ob das Fladenbrot bereits an der Unterseite bräunlich gebackene Stellen hat. Wenn ja, wende es und gib den Deckel erneut darauf. Nach weiteren 1 bis 2 Minuten sieh nach, ob auch die andere Seite fertig gebacken ist, und serviere das Fladenbrot am besten noch warm. Du kannst es als Beilage verwenden oder mit Pesto, Aufstrichen, Kräutern, Käse, Gemüse usw. belegen.

Tipp:

Lege ein Stück dunkle Schokolade auf das Fladenbrot in der Pfanne, nachdem es fertig gebacken ist, und lasse es kurz unter verschlossenem Deckel anschmelzen. Gib dazu einen Teelöffel Mandelmus oder anderes Nussmus und verteile die geschmolzene Schokolade mit dem Mus auf dem Fladenbrot. Zerdrücke darauf weiche Datteln und genieße das Fladenbrot noch warm. Das geht so schnell, sättigt gut und ist so lecker, mmmmmh!!!!!

Meine Erfahrung:

Ich habe den Teig bereits bis zu einer Woche im Kühlschrank gehalten und mir davon immer schnell mal ein Stück abgezupft und kurz in der Pfanne beidseitig ausgebacken. Der Teig wurde mit der Zeit immer etwas säuerlicher, war aber nach einer Woche noch sehr gut genießbar.

Gut zu wissen!

Rechtsdrehende vs. linksdrehende Milchsäurebakterien

Rechts- oder linksdrehende Milchsäurebakterien sind vergleichbar mit unseren Händen. Wir haben eine rechte und eine linke Hand. Sich die rechte Hand mit der linken Hand zu reichen, ist zwar möglich, funktioniert aber nicht so gut, als wenn man sich die rechte Hand mit der rechten Hand reicht. So ist das auch mit den rechts- und linksdrehenden Milchsäurebakterien. Die „Ur-Milchsäurebakterien" in alten bulgarischen Joghurts stellten überwiegend rechtsdrehende Milchsäure her, welche für unseren Körper schwieriger aufzunehmen ist, saurer schmeckt und leicht abführend wirkt. Die linksdrehende Milchsäure, so wie sie heute für Joghurts verwendet wird, ist für unseren Körper leichter zu verwerten und daher qualitativ hochwertiger.

Was ist der Unterschied zwischen Joghurt und Milchkefir?

Joghurt und Milchkefir unterscheiden sich in ihrer Zusammensetzung von Mikroben. Andere Mikroben produzieren andere Stoffe. Die Zusammensetzung des Milchkefirs ist vergleichbar mit einer Mischung aus Joghurt und Sauerkraut. Er enthält auch Hefen, die im Joghurt nicht zu finden sind. Durch die enthaltenen Hefen sind im Milchkefir auch viele B-Vitamine zu finden, was beim Joghurt nicht der Fall ist. Milchkefir schmeckt saurer und ist prickelnder, weil auch Kohlendioxid von den Hefen produziert wird. Die Milchkefir-Kultur bildet sich ein Zuhause in Form von Knollen und unterscheidet sich stark in unterschiedlichen Ländern. Die Joghurtkultur bleibt offen im Joghurt und hat eine einheitlichere Zusammensetzung auf der ganzen Welt. Und sie unterscheiden sich in der Herstellung. Joghurtbakterien benötigen konstantere Temperaturen im Vergleich zu Milchkefir.

Joghurt hilft beim Abnehmen

Studien zeigen, dass der regelmäßige Joghurt-Konsum von ein bis zwei Becher Joghurt pro Tag für übergewichtige Personen vorteilhaft ist und sie damit besser abnehmen können. Dabei spielt es weniger eine Rolle, wie hoch der Fettanteil im Joghurt ist, viel wichtiger ist, dass das Joghurt gut fermentiert wurde. Grund dafür ist, dass damit die Darmgesundheit verbessert und der Appetit reguliert wird, Nährstoffe aus der Nahrung besser aufgenommen und chronische Entzündungen reduziert werden, die oft die Ursache für das Übergewicht sind.

Joghurt hilft gegen erhöhtes LDL-Cholesterin

Es gibt nachweislich einen Zusammenhang zwischen Cholesterin und Darmbakterien. Eine Studie aus dem Jahr 2011 mit Kanadiern, welche zwei Mal täglich speziell angefertigtes Joghurt mit einem bestimmten Bakterium zu sich nahmen, zeigte, dass innerhalb von sechs Wochen das schlechte LDL-Cholesterin durchschnittlich um 8,91 % gesunken ist. Das ist etwa die Hälfte des Effekts, der durch die Einnahme eines milden Cholesterin-Medikaments erreicht werden konnte – und das ohne Nebenwirkungen.

Fermentierte Sojaprodukte senken das Brustkrebsrisiko

Sojajoghurt hat viele Vorteile, besonders für Frauen. Soja enthält bestimmte sekundäre Pflanzenstoffe, die Isoflavone. Man nennt sie auch Phytoöstrogene. Wie der Name schon vermuten lässt, haben sie als pflanzliche Hormone eine östrogenähnliche Wirkung, die jedoch um ein Vielfaches schwächer ist als die Wirkung von körpereigenen Östrogenen. Wenn wir Sojaprodukte essen, besetzen diese abgeschwächten pflanzlichen Hormone unsere Östrogen-Rezeptoren. Das führt bei Frauen zu einem geringeren Brustkrebsrisiko, da dieser Krebs durch eine zu starke Wirkung des körpereigenen Östrogens ausgelöst werden kann.

Sauerteigbrot

Wusstest du, dass sich der Name Brot vom althochdeutschen „prôt“ ableitet, was so viel bedeutet wie „Gegorenes“?

In diesem Kapitel erfährst du mehr über das Brotbacken mit Sauerteig. Brotbacken ist etwas Fundamentales und ein wichtiger Bestandteil unseres Lebens. Nicht nur hier, sondern so gut wie überall auf der Erde zählt Brot zu den Grundnahrungsmitteln. Aber warum gerade Brot? Für Brot wird nicht viel benötigt. Für ein gutes Brot brauchst du lediglich Mehl, Wasser und Salz. Hinzu kommt noch, dass Brot unserem Körper wertvolle Nährstoffe, Vitamine, Mineral- und Ballaststoffe liefert. Darüber hinaus bildet Brot aufgrund seines geringen Fettstoffgehalts die ideale Grundlage für eine ausgewogene Ernährung.

Wusstest du, dass Brot eines der ältesten kultivierten Nahrungsmittel ist? „Richtiges Brot", so wie wir es kennen, hatte seinen Ursprung in Ägypten. Einkorn und Emmer zählten dabei zu den ersten Getreidesorten, ehe dann Weizen und Gerste hinzukamen. Zu Beginn wurden die Getreidekörner roh gekaut, bevor es später zerstampft und mit Wasser angerührt wurde. So wie fast bei jeder Fermentation benötigte es auch hier den Zufall für das erste Brot. Ein angerührter Getreidebrei wurde auf einem heißen Stein vergessen und so fing der Brei an zu gären und verwandelte sich schließlich in eine Art Fladenbrot.

Für ein gutes Brot brauchst du lediglich Mehl, Wasser und Salz.

Armins Tipp:

Apropos Getreidebrei! Hast du schon einmal einen Getreidebrei aus Dinkel probiert? Hierfür kochst du lediglich Vollkorndinkelmehl mit Wasser, bis eine breiige Konsistenz entsteht. Lasse den Brei kurz abkühlen und dich von seiner angenehmen Süße überraschen. Sei kreativ und garniere ihn mit Dattelsirup, saisonalem Obst oder Körnern.

Der Sauerteig

In einem Sauerteigansatz passiert Magisches! Schon aufgrund der unglaublichen Geschmacksvielfalt in einem Sauerteigbrot, backe ich meine Brote ausschließlich mit Sauerteig.

Wusstest du, dass du für deinen eigenen Sauerteigansatz lediglich Wasser und Getreide benötigst?

1 Gramm Roggen-Sauerteig enthält 1 Milliarde Milchsäurebakterien und 10 Millionen Hefezellen

Neben Getreide und Wasser benötigst du jedoch noch viele kleine Helferlein, die sich sowohl in der Luft als auch auf dem Getreide befinden. Es ist die Rede von Hefepilzen und Milchsäurebakterien, die in einem Sauerteigansatz herangezüchtet und vermehrt werden. Das klingt komplizierter, als es wirklich ist.

Die Sauerteigfermentation im Detail

Die Stärke des Getreides wird von den Milchsäurebakterien und den Hefepilzen verstoffwechselt. Dabei entsteht u. a. auch Alkohol. Das leicht alkoholische Milieu führt dazu, dass die Essigsäurebakterien in Verbindung mit Sauerstoff nun ihre Arbeit aufnehmen und Essigsäure produzieren. Während die Bakterien den Teig ansäuern und mit wertvollen Inhaltsstoffen anhäufen, produzieren die Hefen Kohlendioxid, wodurch der Teig aufgelockert wird. Daher riecht ein Sauerteig und folglich auch ein Sauerteigbrot immer leicht säuerlich.

Vorteile von Sauerteig

Sauerteig hat viele Talente.

Backtriebmittel

Säuerungsmittel

Energielieferant

Nährstoffreich – Kalium, Phosphor, Calcium, Eisen, Vitamin B und E

Beugt Schimmel vor

Macht Roggen backfähig

Aufgrund seines höheren Nährwertes und seiner besseren Bekömmlichkeit ist Sauerteig für Menschen mit Unverträglichkeiten und Darmbeschwerden eine gute Alternative. Getreide ist unbehandelt nur sehr schwer verdaulich. Im Sauerteig wird das Mehl während der Fermentation vorverdaut und damit deutlich bekömmlicher. Selbst das heutzutage kritisierte Gluten wird während der langen Teigführung in seiner chemischen Struktur verändert und dadurch von Menschen, die überempfindlich auf Gluten reagieren, gut vertragen.

Backhefe vs. Sauerteig

Backhefe gibt es heutzutage in jedem Supermarkt zu kaufen. Sie unterscheidet sich grundsätzlich von der Hefe, die in einem Sauerteig zu finden ist. Backhefe wird über viele Jahre hinweg speziell gezüchtet, um Teige besonders schnell zu lockern und schmackhaft zu machen. Der Hefepilz dient primär als Zusatzstoff, wird nicht weitergeführt und er befindet sich nicht in Symbiose mit den Milchsäurebakterien, wie es im Sauerteig der Fall ist. Bei den Hefen im Sauerteig handelt es sich um „Wildhefen". Sie sind eigenständige Organismen, säureresistenter und an die Umwelt angepasst. Ihr Stoffwechsel ist deutlich langsamer und sie brauchen mehr Zeit, bis sich Kohlendioxid bildet und der Teig aufgeht.

Backhefekulturen können des Weiteren nur die Stärke und somit den Zucker im Getreidekorn verarbeiten, nicht jedoch die Schale. Diesen Job des „Vorverdauens" übernehmen die Milchsäurebakterien, die nur im Sauerteig zu finden sind und das Getreide daher um ein Vielfaches leichter verdaulich machen.

Das Getreidekorn

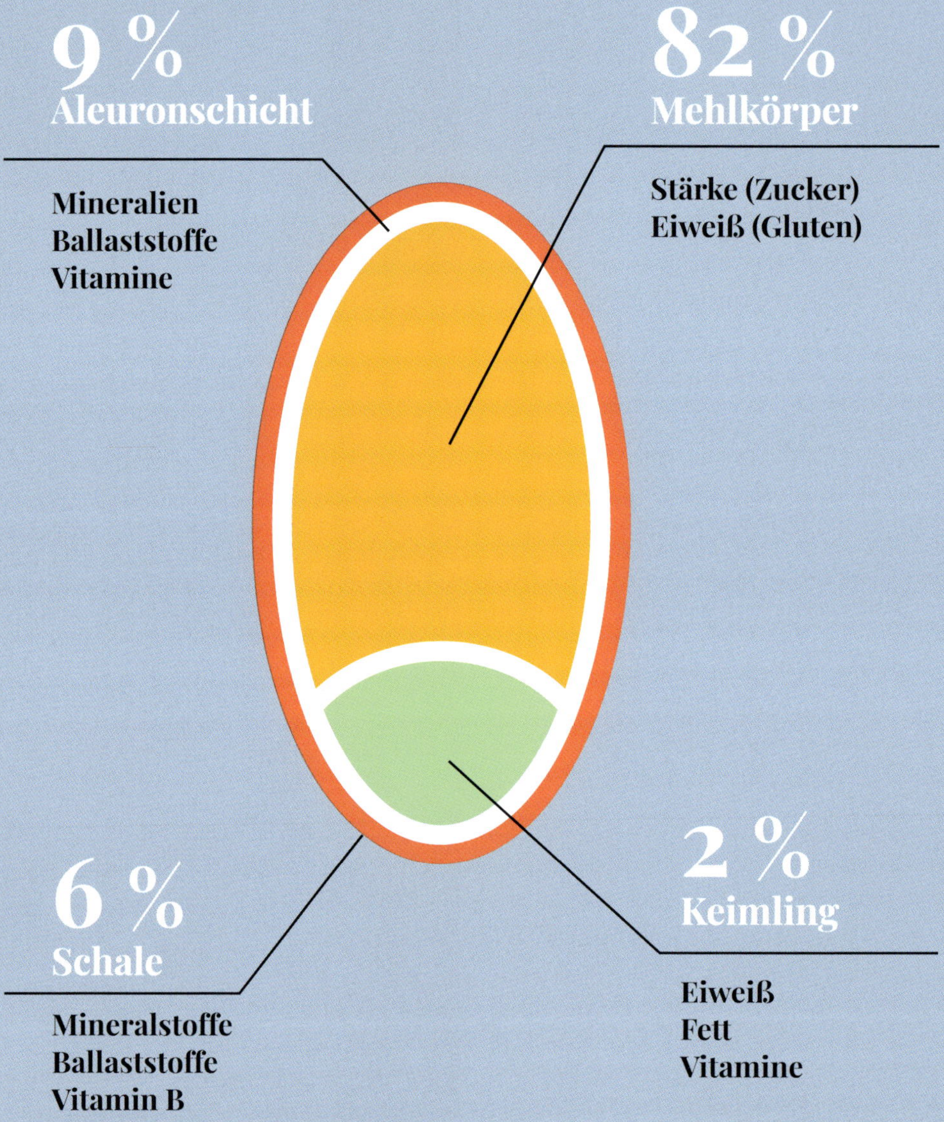

Armins Erfahrung:

Sowohl was Mehlspeisen betrifft, als auch bei hausgemachter Pasta verwende ich ganz gern ein bisschen Sauerteig. Nicht nur die Gerichte werden dabei bekömmlicher, auch der leicht säuerliche Geschmack verleiht meinem Essen einen neuen Charakter.

Gefäße und Werkzeuge

Alles was du an Ausstattung für dein erstes Brot benötigst, wirst du mit sehr großer Wahrscheinlichkeit in deiner Küche finden. Im Prinzip benötigst du nur ein ¼-Liter-Glas, etwas zum Abdecken des Glases, ein Küchen- oder Geschirrtuch und einen Gummiring. Zum Abdecken deines Glases kannst du verwenden, was dir gerade in die Finger kommt. Eine gute Ergänzung sind ein Gärkorb und ein Bäckermesser. Beides ist jedoch kein Muss.

Gärkorb

Gefällt dir das Sauerteigbrotbacken, wirst du mit einem Gärkorb viel Freude haben. Gärkörbe gibt es in unterschiedlichen Größen, und je nach Musterung wird es dein Brot optisch aufwerten.

Bäckermesser

Ein Bäckermesser erleichtert dir das Einschneiden des Brotes und du kannst damit präziser schneiden. Auch ein Rasiermesser eignet sich gut dafür.

Armins Tipp:

Solltest du dir nicht sicher sein, ob das Brotbacken etwas für dich ist, kannst du den Gärkorb durch eine runde Schüssel in Kombination mit einem gut bemehlten Tuch ersetzen. Es wird die Qualität deines Brotes nicht mindern.

Grundanleitung: Wie du Sauerteig richtig ansetzt

Zutaten:

100 g Roggenmehl Type 960
100 g Wasser

Material:

¼-l-Glas
Abdecktuch oder Küchenrolle und Gummiring

Tipp:

Starte deinen Sauerteigansatz mit einem Roggenmehl in Bioqualität mit höherer „Type", da es viele gute Mineralstoffe enthält. Mit der „Type" wird ausgedrückt, wie hoch der Mineralstoffgehalt in einem Mehl ist. Je höher sie ist, desto mehr Mineralstoffe enthält das Mehl und ist somit hochwertiger. Mehle in guter Bioqualität findest du in jedem handelsüblichen Reformhaus. Hast du einen guten Blender zu Hause, kannst du auch ganze Körner kaufen und sie frisch vermahlen. Arbeite sauber und du wirst nach ca. 6 Tagen schon dein erstes Sauerteigbrot backen können.

Armins Erfahrung:

Bisher ist es mir noch nie passiert, dass ein Sauerteigansatz nicht gelungen wäre, auch mit anderen Mehlsorten wie Weizen oder Dinkel. Ich achte dabei jedoch auf eine gute Mehlqualität und verwende nur Mehle in Bioqualität.

Tag 1

Verwende ein sauberes Glas. Um sicherzugehen, kannst du das Glas für ca. 1 Minute in kochendes Wasser legen, damit alle unerwünschten Bakterien getötet werden. Wiege 20 g Wasser und 20 g Mehl ab, vermische es in einer Schüssel zu einer homogenen Masse. Ist alles gut vermischt, gibst du die Masse in dein ¼-Liter-Glas und deckst es mit dem Tuch ab. Befestige das Tuch mit einem Gummiring und schon ist der erste Tag geschafft.

Temperatur, Zeit und Ort

Stelle deinen Sauerteigansatz zwischen der Fütterung jeweils für 24 Stunden bei Zimmertemperatur an einen Ort ohne direkte Sonneneinstrahlung. Normales Tageslicht schadet ihm nicht. Er möchte in dieser Zeit nicht durch Umrühren gestört werden.

Armins Erfahrung:

Ich habe meinen Sauerteig zur Reifung auch schon luftdicht verschlossen. Dabei entwickelt er sich genauso gut, wie wenn du ihn nur mit einem Tuch und einem Gummiring abdeckst.

Wie entsteht ein Sauerteigansatz?

Timeline

Tag 1 | **Tag 2** | **Tag 3**

Tag 1:
20 g Roggenmehl
+
20 g Wasser

Tag 2:
+
20 g Roggenmehl
+
20 g Wasser

Tag 3:
+
20 g Roggenmehl
+
20 g Wasser

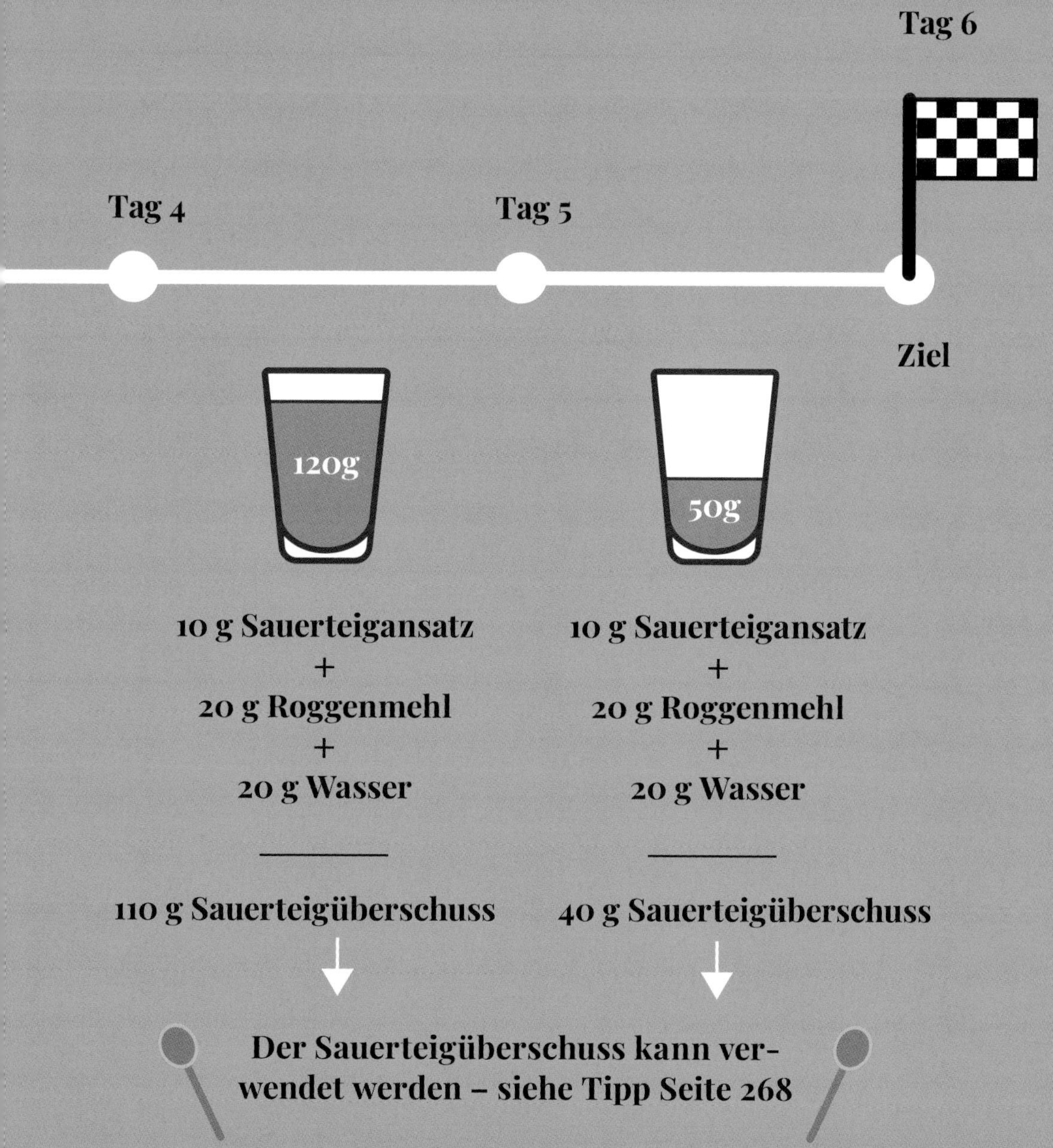
Tag 4
Tag 5
Tag 6
Ziel
120g
50g
10 g Sauerteigansatz
+
20 g Roggenmehl
+
20 g Wasser
110 g Sauerteigüberschuss
10 g Sauerteigansatz
+
20 g Roggenmehl
+
20 g Wasser
40 g Sauerteigüberschuss
Der Sauerteigüberschuss kann verwendet werden – siehe Tipp Seite 268

Armins Tipp:

Wenn du den Fortschritt deines Sauerteiges genau beobachten möchtest, verwende dazu einen 2ten Gummiring, mit welchem du die Höhe deines Ansatzes markierst.

Tag 2

Gib die Masse aus dem Glas in eine Schüssel und ergänze sie mit 20 g Wasser und 20 g Mehl. Vermische alles gut und achte darauf, dass du dabei genug Luft unter die Masse hebst. Fülle alles wieder zurück in dein gewaschenes ¼-l-Glas. Tuch und Gummiringe nicht vergessen und wieder für 24 Stunden bei Zimmertemperatur stehen lassen.

Tag 3

Orientiere dich an Tag 2. Der Ablauf ist genau der gleiche. Haben sich schon Bläschen gebildet? Riecht dein Sauerteig schon leicht sauer? Wenn du beides mit ja beantworten kannst, bist du auf einem sehr guten Weg.

Tag 4

Ab Tag 4 gibt es nun eine kleine Änderung. Würdest du wieder auf die gesamte Menge 20 g Mehl und 20 g Wasser unterheben, müssten sich immer mehr Hefen und Bakterien eine Mehlmenge von 20 g teilen. Da aber die Kulturen gestärkt werden sollen, verwendest du von der bisherigen Menge nur noch 10 g für den weiteren Ablauf. Auf die 10 g der bisher fermentierten Masse kommen nun 20 g Mehl und 20 g Wasser hinzu. Alles gut durchmischen und zurück in das gewaschene Glas geben.

Armins Tipp:

Gib den Sauerteig, den du nicht weiter brauchst, keinesfalls in den Müll. Du kannst ihn bereits als Sauerteig für Pasta, Chips oder Crumpets verwenden. Lass dich von meinen Rezeptideen in diesem Buch inspirieren.

Tag 5

Wie bei Tag 4 verwende wieder nur 10 g von der bisher reichlich an Bakterien und Hefepilzen entstandenen Teigmasse. Auf diese 10 g gibst du wieder 20 g Mehl und 20 g Wasser. Alles gut verrühren und zurück ins Glas geben.

Tag 6

Du hast es geschafft! Dein Sauerteig steckt nun voller Leben und du kannst damit beginnen, dein erstes Brot zu backen. Hast du auch eine Markierung mit Hilfe eines Gummiringes gesetzt? Dann wird dir sicher aufgefallen sein, dass dein Sauerteigansatz ordentlich in die Höhe gewachsen ist.

Aufbewahrung

Wenn du es zulässt und dich hin und wieder um deinen Sauerteig kümmerst, wird er dir ein Leben lang zur Seite stehen. Der Aufwand, den du dafür betreiben musst, ist nicht kompliziert und auch nicht zeitaufwendig. Zur Aufbewahrung genügt dir ein kleines Glas, welches du mit einem Deckel luftdicht verschließen kannst, damit der Sauerteig nicht austrocknet. Ich empfehle ein kleines Marmeladenglas, in welchem du nur eine geringe Menge Sauerteigansatz im Kühlschrank gut verschlossen aufbewahrst und regelmäßig fütterst. Unter geringer Menge verstehe ich gerade einmal einen Teelöffel. Darin befinden sich genug Milchsäurebakterien und Hefekulturen, damit du jederzeit mit dem Brotbacken loslegen kannst.

Fütterung

Nach dem erfolgreichen Ansetzen deines Sauerteiges hast du nun eine Gesamtmenge von ca. 50 g Sauerteig zur Verfügung. Falls du nicht gleich losbacken möchtest, kannst du nun deinen Sauerteig direkt in den Kühlschrank stellen und dort für maximal 1 Woche ohne Fütterung stehen lassen. Nach einer Woche nimmst du deinen Sauerteig aus dem Kühlschrank und fütterst eine Teelöffelmenge mit 10 g Roggenmehl und 10 g Wasser. Alles gut vermischen und wieder zurück in das gewaschene Glas damit. Deinen Ansatz kannst du nun wieder für eine Woche in den Kühlschrank stellen. Nach der Woche beginnt das Spiel wieder von Neuem. Ist dein Sauerteigansatz schon etwas älter, kannst du ihn auch erst nach 10 Tagen füttern. Bedenke aber, dass der Sauerteig – so wie wir Menschen auch – es sehr gerne hat, wenn er öfters etwas zu essen bekommt. Wird dein Sauerteig daher in einem kürzeren Intervall gefüttert, wirst du spätestens beim Brotbacken bemerken, dass dein Brot eine bessere Triebkraft entwickelt.

Verwende lauwarmes Wasser zum Füttern

Nimm für die Fütterung deines Sauerteiges immer lauwarmes Wasser. Verrühre zuerst den Sauerteig mit dem Wasser, bis sich der Sauerteig gut aufgelöst hat. Erst dann folgt das Mehl. Rühre so lange, bis sich eine homogene Masse gebildet hat. Anschließend gibst du den fertig angerührten Sauerteig in das Glas. Markiere die Höhe des Sauerteiges mit einem Gummiring und verschließe das Glas mit einem Tuch. Sobald der Teig sein Volumen verdoppelt hat, kannst du mit dem Brotbacken starten!

Armins Tipp:

Bist du dir nicht sicher, ob der Sauerteig fertig gereift ist, kannst du einen einfachen Test durchführen. Gib eine kleine Menge des Sauerteiges in eine mit Wasser befüllte Schüssel. Schwimmt der Sauerteig dabei an der Oberfläche und geht nicht unter, ist der Sauerteig startklar zum Backen. Ist der Sauerteig allerdings noch nicht reif genug, fällt er zu Boden.

Armins Erfahrung:

Ich ersetze sowohl bei der Fütterung als auch im späteren Verlauf beim Brotbacken immer einen gewissen Anteil der Mehlmenge durch Vollkornmehl. Beim Sauerteigstarter beläuft sich das auf 10 % der Mehlmenge, die ich durch Vollkornmehl ersetze. Der Sauerteig wird dadurch komplexer und nährstoffreicher.

So schnell geht's:
Füttere deinen Sauerteig 1 Mal pro Woche bei einem Zeitaufwand von ca. 5 Minuten.

Wenn du es zulässt und dich hin und wieder um deinen Sauerteig kümmerst, wird er dir ein Leben lang zur Seite stehen.

Praktische Tipps für ein gelungenes Sauerteigbrot

Bist du nun so weit und möchtest dein erstes Brot backen, lese dir zuallererst das Brotrezept gut durch. Sieh dir an, welches Mehl und wie viel Sauerteig du benötigst. Sind beispielsweise 100 g Sauerteig angegeben, achte darauf, dass du 110 g Sauerteigansatz vorrätig hast, damit du 100 g für das Rezept verwenden kannst und dir noch 10 g übrig bleiben, die du dann wieder gut verschlossen im Kühlschrank aufbewahrst. Generell wird der Sauerteigbrotansatz gerne im Verhältnis 1:5:5 angegeben. Gemeint ist damit, dass du 10 g Sauerteig mit 50 g Wasser und 50 g Mehl vermischst.

Armins Erfahrung:

Ich orientiere mich beim Mischverhältnis danach, ab wann ich vorhabe zu backen. Möchte ich mein Brot erst am nächsten Tag backen, verwende ich gerne das Verhältnis 1:5:5. Ich füttere dann den Sauerteig am Abend, bevor ich schlafen gehe, und ca. 12 Stunden später ist der Sauerteig dann so weit gereift, dass ich ihn für das Brotbacken verwenden kann. Komme ich spontan auf die Idee, noch am gleichen Tag Brot zu backen, verwende ich gerne ein Verhältnis von 1:2:2. Bei diesem Verhältnis ist der Sauerteig schon nach wenigen Stunden fertig gereift und kann noch am gleichen Tag für das Brotbacken verwendet werden.

Plane deine Brotbackzeit und passe das Mischverhältnis an:

Je höher die Anzahl der Kulturen im Verhältnis zur Mehlmenge ist, desto schneller haben sie das Futter aufgefressen, ihren Höhepunkt erreicht und umgekehrt. Lege dir daher einen Zeitplan zurecht, wann du mit dem Brotbacken beginnen möchtest. Mit ein bisschen Übung wirst du ein Gespür dafür bekommen, wann es notwendig ist, deinen Sauerteig zu füttern, und in welchem Verhältnis.

Oder passe die Umgebungstemperatur an den Zeitplan an:

Eine weitere Möglichkeit, die Geschwindigkeit deines Sauerteiges zu beschleunigen oder zu verlangsamen, ist die Umgebungstemperatur. Je wärmer es ist, desto schneller reift dein Sauerteig. Bedenke dabei, dass primär nur die Hefekulturen für die Luftblasen im Teig und dessen Ausdehnung verantwortlich sind. Die Essigsäurebakterien mögen es eher kühler und bevorzugen den Kühlschrank. Daher riecht ein Sauerteig, den du im Kühlschrank reifen lässt, säuerlicher und die Reifezeit verlangsamt sich.

Armins Tipp:

Gibst du deinem Sauerteig mehr Zeit zur Reifung, haben deine Bakterien und Hefen mehr Zeit, das Getreide vorzuverdauen und dein Sauerteig wird dadurch hochwertiger als schnell gereifter Sauerteig. Übrigens gilt das auch für dein Brot. Ein Brot, das du einer langen Teigführung aussetzt, wird bekömmlicher. Die enthaltenen Ballaststoffe und die Stärke im Teig können dabei besser aufquellen und werden vom Körper dadurch besser verarbeitet.

Verschiedene Mehlsorten ergeben verschiedene Sauerteigarten

Wie du sicherlich weißt, gibt es unterschiedliche Sauerteigarten. Von Weizen- und Roggen- bis hin zu Buchweizen- und Dinkelsauerteige, um nur ein paar zu nennen. Viele Fermentistas haben mehrere Sauerteigstarter im Kühlschrank und setzen diese ganz gezielt für ein sortenreines Sauerteigbrot ein.

Armins Tipp:

Mache dir das Leben nicht schwerer, als es ist. Ein Sauerteigansatz im Kühlschrank ist ausreichend. Züchte ihn einfach um. Hast du beispielsweise einen Weizensauerteig im Kühlschrank, benötigst aber für ein bestimmtes Brot-Rezept einen Dinkelsauerteig, fütterst du ihn vor dem Brotbacken mit Dinkelmehl und Wasser. Dass es sich beim fertig fermentierten Produkt um keinen reinen Dinkelsauerteig handelt, ist vernachlässigbar.

Kartoffelbrot

Zutaten für 1 Laib Brot:

250 g Weizenmehl „Type 700"
(bis zu 20 % der Mehlmenge durch ein Vollkornmehl ersetzbar)
150 g Kartoffeln mehlig
100 g Kartoffelwasser vom Kartoffelkochen
50 g Sauerteig gereift
5 g Brotgewürz
7 g Leinsamen
5 g Salz

Armins Tipp:

Eine gängige Brotgewürzmischung besteht jeweils zu gleichen Teilen aus Anis-, Fenchel-, Kümmel- und Koriandersamen. Das beste Aroma bekommst du, wenn du die Samen frisch vermahlst und sofort luftdicht verschließt. Fertige Brotgewürzmischungen erhältst du ansonsten in jedem Reformhaus. Sehr zu empfehlen ist die Brotgewürzmischung der Firma Sonnentor.

Meine Erfahrung:

So sehr ich den Duft von verschiedenen Gewürzen im Brot liebe, so rein, geradlinig und unverfälscht riecht ein Brot ohne Gewürze. Jedes Getreide riecht auf seine ganz besondere Art und Weise anders. Probiere auch aus, Brote zu backen, bei denen du keine Brotgewürzmischung hinzugibst. Für das Kartoffelbrot verwende ich jedoch immer die Brotgewürzmischung. Sie harmoniert perfekt mit den Kartoffeln.

Vollkornmehl

Bis zu 20 % der Mehlmenge kannst du bei diesem Rezept durch ein Vollkornmehl ersetzen. Für einen größeren Anteil Vollkornmehl benötigst du auch ein bisschen mehr Wasser.

1. Koche die Kartoffeln

Schäle die mehligen Kartoffeln und koche sie so lange in Salzwasser, bis sie weich sind. Seihe die Kartoffeln ab und fange dabei das Kartoffelwasser auf. Nun lässt du die Kartoffeln und das Kartoffelwasser abkühlen. Sobald sich das Kartoffelwasser lauwarm anfühlt, kannst du mit dem Rezept fortfahren.

Achtung!

Wenn du Sauerteig in heißem Wasser auflöst, sterben alle Bakterien und Hefekulturen ab. Warte daher so lange, bis sich das Kartoffelwasser lauwarm anfühlt.

2. Presse die Kartoffeln

Während das Kartoffelwasser abkühlt, kannst du die Kartoffeln mit einer Kartoffelpresse in eine Schüssel pressen und ausdampfen lassen. Achte auch bei den gepressten Kartoffeln darauf, dass sie nicht mehr zu heiß sind, bevor du mit dem Rezept fortfährst.

3. Mische alles zusammen

Löse zuerst den gereiften Sauerteig im lauwarmen Kartoffelwasser durch Rühren auf. Dann füge die restlichen Zutaten hinzu. Beginne mit dem Mehl und füge zuletzt das Salz hinzu. Mische alles gut durch, bis du eine schöne homogene Masse vorfindest. Ist die Masse zu flüssig, gib noch etwas mehr Mehl hinzu.

4. Lasse den Teig ruhen

Bist du zufrieden mit deinem Teig, gib ihn in eine saubere und leicht bemehlte Schüssel, bedecke ihn mit einem Tuch und lasse ihn für 4 Stunden ruhen.

Armins Tipp:

Damit der Teig nicht austrocknet, verwende einen sauberen Müllsack, mit welchem du die Schüssel umhüllst. Verschließe den Sack mit einem Knoten, den du wieder öffnen kannst. Damit schützt du deinen Teig gleichzeitig auch vor Zugluft. Den Müllsack kannst du dafür immer wieder verwenden.

5. Forme den Brotlaib und gib ihm noch mehr Ruhe

Nach ca. 4 Stunden bemehlst du deinen Gärkorb, die Hände und deine Arbeitsfläche. Den Teig lässt du behutsam auf die bemehlte Arbeitsfläche gleiten. Versuche nun, den Teig von außen nach innen zu falten und gib ihm dabei eine runde Form. Bemehle die Oberfläche des Teiges mit einem Küchensieb und lege den Laib mit der Naht nach oben in das bemehlte Körbchen. Umhülle den Teig zu guter Letzt wieder mit dem Müllsack oder einem Tuch und lasse ihn für weitere 4 Stunden an einem warmen Ort ruhen.

Armins Tipp:

Hast du keinen Gärkorb, kannst du auch eine passende Schüssel und ein bemehltes Tuch verwenden. Den fertig geformten Teig legst du mit der Naht nach oben auf das bemehlte Tuch und anschließend in die Schüssel.

Armins Tipp:

Drehe das Backblech um und verwende dessen Rückseite zum Brotbacken. So kannst du es leichter auf das Backblech legen, ohne dass du dich verbrennst. Stelle eine Schüssel mit kochendem Wasser in den Ofen. Das verdampfende Wasser befeuchtet den Ofen, wodurch die Oberfläche des Brotes nicht zu schnell verkrustet und sich während der Anfangsphase schön öffnen kann. Verwendest du eine Gusseisenpfanne oder einen Brovn, ist das nicht notwendig.

6. Heize den Ofen mit dem Backblech vor

Bevor du das Brot backst, heize den Ofen mit dem Backblech für mindestens eine halbe Stunde auf ca. 240 °C vor. Lasse den Teig vorsichtig auf ein Backpapier gleiten und schneide es quadratisch ein. Gib das Brot nun auf ein Backblech.

ACHTUNG! Das Backblech muss mit dem Ofen aufgeheizt werden. Gerade in der ersten Hälfte der Backzeit ist eine hohe Hitze sehr wichtig. Anstatt des Backblechs kannst du auch eine Gusseisenpfanne oder einen Brovn, wie in der Abbildung ersichtlich, verwenden. Heize auch diesen mit dem Backrohr vor.

7. Backe das Brot

Jetzt muss es schnell gehen. Nach dem Einschneiden des Brotes schiebst du das Brot mit dem Backpapier in den vorgeheizten Ofen. Verwendest du eine Gusseisenpfanne anstatt des Backblechs, legst du das Brot mit dem Backpapier in die Pfanne, gibst den Deckel darauf und ab in den Ofen damit. Nach ca. 20 Minuten nimmst du die Schüssel mit dem Wasser aus dem Ofen. Bei einer Gusseisenpfanne entfernst du zu dieser Zeit den Deckel. Die Temperatur reduzierst du nun auf 200 °C und lässt das Brot für weitere 20 Minuten im Ofen ausbacken.

8. Teste, ob das Brot fertig gebacken ist

Damit du beurteilen kannst, ob dein Brot fertig gebacken ist, führe einen Klopftest durch. Klopfe auf die Unterseite des Brotes. Klingt das Brot beim Klopfen hohl, ist es schon durch und du kannst es aus dem Ofen nehmen. Klingt es jedoch stumpf, braucht es noch ein bisschen Zeit im Ofen. Dieser Klopftest funktioniert nur, solange das Brot frisch aus dem heißen Ofen kommt.

9. Lasse das Brot auskühlen

Ist dein Brot fertig gebacken, nimm es aus dem Ofen und lass es für mindestens eine halbe Stunde abkühlen, bevor du es anschneidest.

Armins Tipp:

Noch leicht warm angeschnitten und serviert schmeckt das Brot meiner Meinung nach am besten. Gutes Gelingen!

Dinkelbrot

Zutaten für eine längliche Kuchenform (ca. 26 x 12 cm):

350 g Dinkelmehl „Type 700“
(bis zu 20 % der Mehlmenge durch Vollkornmehl ersetzbar)
250 g Wasser
70 g Sauerteig
7 g Salz
14 g Körner oder Samen deiner Wahl
Öl, um die Form einzufetten, oder Backpapier

1. Vermenge die Zutaten

Das ist ein super einfaches Rezept, bei dem du alle Zutaten nur vermischst und anschließend die Masse in eine mit einem Pinsel leicht eingeölte oder mit Backpapier ausgelegte Kuchenform füllst. Die Oberfläche des Teiges kannst du mit Körnern oder Samen belegen, die du bevorzugst oder gerade zu Hause hast. Umhülle die Form mit einem Müllsack und verknote diesen, damit der Teig nicht austrocknet und vor Zugluft geschützt ist.

2. Lasse den Teig ruhen

Den Teig lässt du nun für ca. 8 Stunden bei Zimmertemperatur stehen. Das Volumen des Teiges sollte sich zumindest verdoppelt haben. Ist das noch nicht der Fall, kannst du den Teig auch noch länger in der Gare stehen lassen.

3. Heize den Ofen vor

Bevor du das Brot backst, heize den Ofen für mindestens eine halbe Stunde auf ca. 240 °C vor. Nach dem Ende des Aufheizens stelle eine kleine Schüssel mit kochendem Wasser in den Ofen. Somit ist gewährleistet, dass das Brot während der Backzeit nicht gleich verkrustet, sondern noch etwas aufgehen kann.

4. Backe das Brot

Stelle die Form in den aufgeheizten Ofen. Entferne nach ca. 20 Minuten die Schüssel mit dem kochenden Wasser und reduziere die Temperatur auf 200 °C. Nach weiteren 20 Minuten sollte dein Brot fertig gebacken sein. Stelle die Form auf die Herdplatte und lass das Brot für mindestens eine halbe Stunde in der Form auskühlen. Jetzt kippst du es wie einen Kuchen aus der Form und kannst es anschneiden. Gutes Gelingen!

Crumpets sind englische Pfannkuchen, die grundsätzlich aus einem Backhefeteig und Milch zubereitet werden. Wenn du Sauerteig dafür verwendest, werden sie bekömmlicher. Alles was du für Sauerteig-Crumpets benötigst, sind eine beschichtete Pfanne, ein geschmacksneutrales Öl und ein Sauerteig. Beim Sauerteig spielt es dabei keine Rolle, ob er gerade fertig gereift ist oder sich schon seit ein paar Tagen im Kühlschrank befindet.

Sauerteig-Crumpets mit Bärlauchpesto

Zutaten je Sauerteig-Crumpet:

50 g Sauerteig

Zutaten für das Bärlauchpesto:

150 g Bärlauch gut gewaschen und abgetrocknet
250 g Olivenöl oder Sonnenblumenöl
1 Handvoll Parmesan
1 Prise Salz

Armins Erfahrung:

Ich liebe diese Pfannkuchen aus Sauerteig! Außen knusprig und innen fein weich, mit einem leicht säuerlichen Geschmack. Dies ist das ultimative Rezept, wenn mir wieder einmal zu viel Sauerteig übrigbleibt oder ich einfach meine Gäste überraschen möchte. Dabei ist es egal, ob es sich um einen Roggen-, Dinkel- oder Weizensauerteig handelt.

1. Backe die Crumpets

Erhitze eine Pfanne mit Öl. Ist das Öl heiß genug, leerst du den Sauerteig in die Pfanne. Backe ihn so lange auf einer Seite, bis er an der Oberfläche beginnt kleine Blasen zu bilden und sich verfestigt. Wende nun den Teig und backe den Pfannkuchen auf der anderen Seite fertig. Der Crumpet ist nun servierbereit. Serviere ihn mit einem Pesto deiner Wahl oder verfeinere ihn mit verschiedenen Aufstrichen.

2. Mixe das Pesto

Alles zusammen mixen. Fertig! Besser kann ein Pfannkuchen nicht schmecken, glaube mir. Gutes Gelingen!

Allgemeine Sauerteig-Rezeptideen

Pasta mit Sauerteig

Wenn du selbst hausgemachte Pasta zubereitest, gib einen kleinen Anteil Sauerteig unter den Pastateig. Der Pastateig schmeckt dadurch leicht säuerlich und harmoniert sehr gut mit roten Ragouts und Saucen.

Chips aus Sauerteig

Hast du zu viel Sauerteig übrig, kannst du Chips daraus herstellen. Bestreiche ein Backpapier ganz dünn mit Sauerteig. Füge nach Lust und Laune Körner oder getrocknete Kräuter hinzu und lasse die dünne Schicht bei ca. 160 °C im Ofen trocknen. Knusprig serviert mit fermentierten Gemüsesticks sind sie ein gesunder Ersatz zu klassischen Chips.

Arme Ritter oder French Toast

Tauche deine Sauerteigbrotscheiben in eine Mischung aus Eiern, Milch und Salz. Lasse das Brot die flüssige Mischung lange genug aufsaugen. Erhitze anschließend eine Pfanne mit geschmacksneutralem Öl und lege die Brotscheiben bei mittlerer Hitze in die Pfanne. Auf beiden Seiten goldbraun anbraten und heiß servieren.

Bruschetta

Röste dein Sauerteigbrot im Ofen bei 200 °C. Lege dazu die Brotscheiben auf ein Backblech und bestreiche sie mit Olivenöl. Nach ca. 10–15 Minuten sind sie goldbraun geröstet und du kannst sie mit frischen reifen Tomaten, Basilikum und Knoblauch belegen. Auch fermentiertes Gemüse anstelle von Tomaten passt gut dazu.

Semmelbrösel aus Sauerteig

Vermenge Brotstücke mit Olivenöl und Salz. Du kannst auch getrocknete Kräuter hinzugeben. Backe die Brotstücke auf einem Backpapier im Ofen bei ca. 200 °C für etwa 15 Minuten. Rühre zwischendurch um, damit die Brotstücke gleichmäßig rösten. Mit einem Teigroller kannst du die knusprig gebackenen Brotstücke zu deiner gewünschten Konsistenz zerstoßen.

Gut zu wissen!

Sauerteig trocknen

Möchtest du deinen Sauerteig nicht 1 Mal pro Woche füttern, kannst du ihn auch einfach trocknen. Dadurch wird er für ca. 2 Monate haltbar gemacht. Trage deinen Sauerteig dünn auf ein Backpapier auf und lasse ihn lufttrocknen. Nach ca. 2 Tagen ist er trocken und du kannst ihn in einem Glas mit Deckel aufbewahren. Möchtest du wieder mit dem Brotbacken beginnen, löst du den getrockneten Sauerteig zuerst im Wasser auf und fütterst ihn anschließend mit Mehl.

Die Wasseraufnahmefähigkeit von Getreide variiert

Halte dich an die jeweiligen Brot-Rezepte! In vielen Gesprächen, die ich mit Brotanfängern führte, fiel mir auf, dass das Getreide oft 1 zu 1 durch ein anderes Getreide ersetzt wurde. Hier ist es jedoch gut zu wissen, dass die Wasseraufnahmefähigkeit je nach Getreide unterschiedlich ist. Im Vergleich zum Dinkel hat der Weizen beispielsweise eine viel höhere Wasseraufnahmefähigkeit. Denke daran, wenn du das nächste Mal Brot bäckst.

Ein paar Worte zum Abschluss

Eines nach dem anderen!

Du bist mit den Infos, praktischen Tipps und Erfahrungsberichten aus diesem Buch nun so motiviert, dass du gleich mit dem Fermentieren loslegen möchtest? Am besten gleich alle Fermente auf einmal? Dann möchte ich dir an dieser Stelle noch einen Tipp mit auf den Weg zu einer/einem mit Freude erfüllten Fermentista geben:

Eines nach dem anderen!

Entscheide dich für ein Ferment, das du ausprobieren möchtest, und widme diesem deine volle Aufmerksamkeit. Passt es gut in deinen Alltag und ist es eine Bereicherung für dich, dann probiere das nächste Ferment auf dieselbe Weise. Es kann sonst passieren, dass du die Freude an der Fermentation verlierst, weil es dir zu viel wird. Als Fermentista musst du nicht alles wissen und können. Viel wichtiger ist es, Freude am Leben, am Essen und am Experimentieren zu haben und neugierig und offen zu sein für die schönen Dinge im Leben.

Was tun, wenn du keine Zeit zum Fermentieren hast?

Eines vorweg: Du bekommst die Zeit, die du für die Fermentation einsetzt, vielfach zurück! Dein Essen ist im stressigen Alltag jederzeit bereit für den Verzehr ohne lange Vorbereitungszeit und du verbesserst dein allgemeines Wohlbefinden, womit du dir vielleicht den einen oder anderen Arztbesuch sparen und den Tag besser ausnutzen kannst, weil es dir einfach besser geht und du viel aktiver und konzentrierter bist. Wenn es deine Zeit einfach nicht zulässt, dass du dich um die guten Mikroben kümmerst, kannst du dir ein Netzwerk aufbauen, in welchem du deine Leistungen oder vielleicht auch ein Ferment, um das du dich gerne kümmerst, gegen andere Fermente austauschst oder du kannst dir gut fermentierte und noch lebendige Fermente kaufen.

Fermente kaufen

Beim Kauf von Fermenten achte darauf, dass sie bei der Fermentation genug Zeit und Liebe bekommen haben und nicht erhitzt wurden. Du weißt ja nun, dass es bei der Fermentation um Leben geht, das durch Hitze nicht zerstört werden darf und nur mit viel Zeit und Liebe wachsen kann. Alle meine Produkte entsprechen diesen Qualitätskriterien. Mein lebendiges Bio-Produkt-Angebot findest du auf ***www.fermentista.at****. Dort findest du auch alle Workshop-Termine, bei welchen du Fermentation live erleben kannst und ich deine Fragen persönlich beantworte.*

Baue dir ein Fermentista-Netzwerk auf!

Jeder von uns muss nicht alles machen und können. Wenn wir zusammenhelfen und uns austauschen, so wie es uns die guten Mikroben vorleben, kann jeder das machen, was er gut kann und gerne macht.

Ernährungs-, Achtsamkeits- und Fermentations-Retreats

Möchtest du eine ganze Woche oder ein verlängertes Wochenende Fermentation in Kombination mit einer allgemein gesunden Ernährung und mehr Achtsamkeit im Alltag erleben und mich und meine Kolleginnen von „... mehr als nur Essen“ persönlich kennenlernen? Dann würde ich mich sehr freuen, dich auf einem unserer Retreats begrüßen zu dürfen. Alle Termine und Infos dazu findest du auf

www.mehralsnuressen.at.

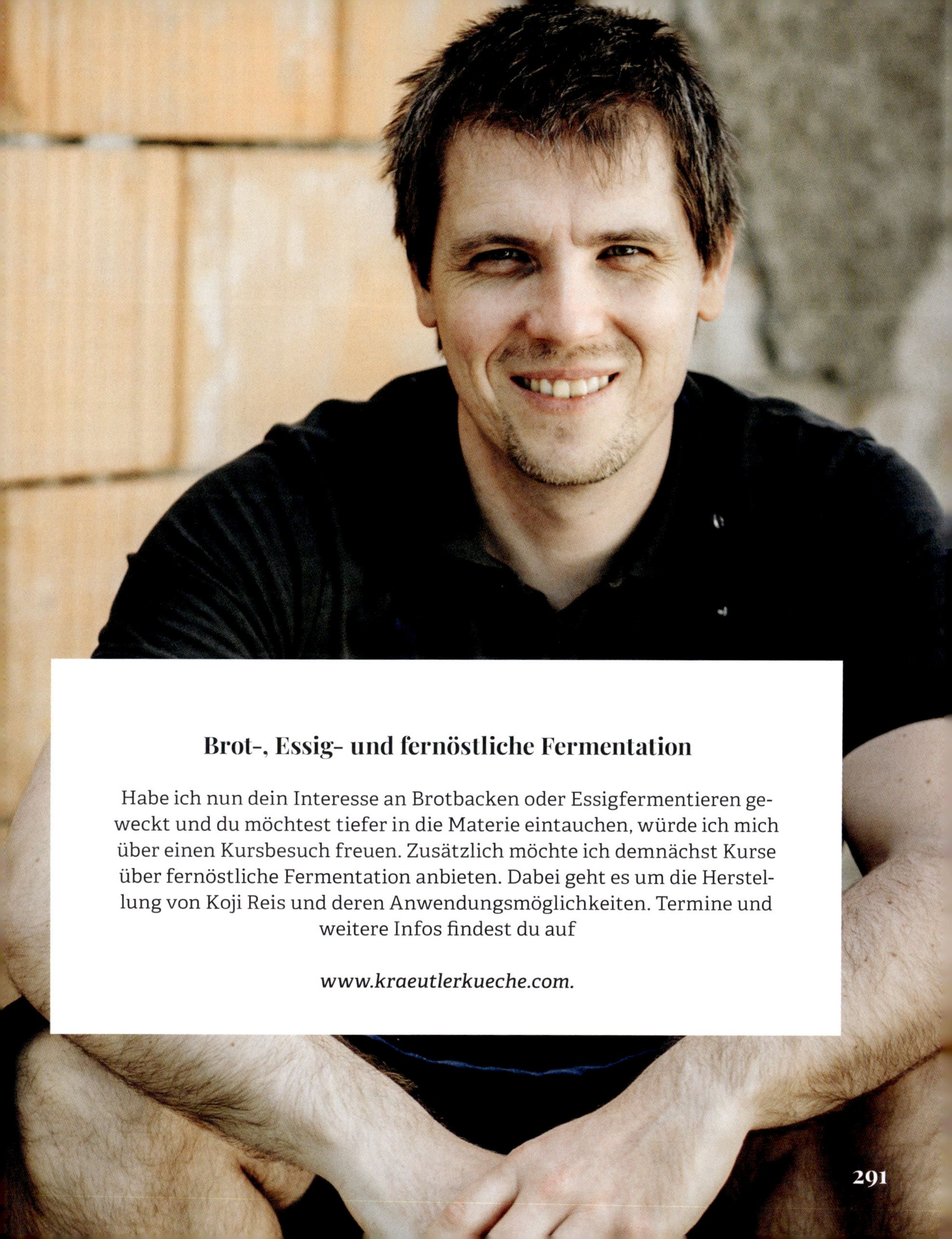

Brot-, Essig- und fernöstliche Fermentation

Habe ich nun dein Interesse an Brotbacken oder Essigfermentieren geweckt und du möchtest tiefer in die Materie eintauchen, würde ich mich über einen Kursbesuch freuen. Zusätzlich möchte ich demnächst Kurse über fernöstliche Fermentation anbieten. Dabei geht es um die Herstellung von Koji Reis und deren Anwendungsmöglichkeiten. Termine und weitere Infos findest du auf

www.kraeutlerkueche.com.

„Lebe das Leben, das du liebst, liebe das Leben, das du lebst.“

Bob Marley

Weiterführende Literatur und Quellen

Alsayadi, Muneer MS; Ibb University; Aldhehar, Ibb (Yemen.); Jawfı, Yaser Al; Belarbi, Meriem; Sabri, Fatima Z.: Antioxidant potency of water kefir. Food and Agriculture Organization oft the United Nations. Online (2012) https://agris.fao.org/agris-search/search.do?recordID=SK2013100155 (abgerufen am 16.06.2021)

Alsayadi, Muneer; Jawfı, Yaser Al, Belarbi, Meriem; Soualem-Mami, Zoubida; Merzouk, Hafida; Sari, Daoudi Chaban; Sabri, Fatima; Ghalim, Meriem: Evaluation of Anti-Hyperglycemic and Anti-Hyperlipidemic Activities of Water Kefir as Probiotic on Streptozotocin-Induced Diabetic Wistar Rats. Journal of Diabetes Mellitus, Vol.4 No.2, May 2014 https://www.scirp.org/journal/paperinformation.aspx?paperid=45054, (abgerufen am 16.06.2021)

Becker, Stefan R.: Kombucha. Natürliche Kraft aus dem Schatz fernöstlicher Erfahrung. Schweiz. Zschr. GanzheitsMedizin 15, 321–323, Verlag für GanzheitsMedizin, Basel (2003)

Biljana Bauer-Petrovska, Lidija Petrushevska-Tozi: Mineral and water soluble vitamin content in the Kombucha drink. Institute of Food Science + Technology, online (2001)https://ifst.onlinelibrary.wiley.com/doi/abs/10.1046/j.1365–2621.2000.00342.x (abgerufen am 16.06.2021)

Cross, M.L.; Stevenson, L.M.; Gill, H.S.: Anti-allergy properties of fermented foods: an important immunoregulatory mechanism of lactic acid bacteria? International Immunopharmacology, Volume 1, Issue 5, May 2001, Pages 891–901 https://www.sciencedirect.com/science/article/pii/S156757690100025X (abgerufen am 16.06.2021)

Enders, Giulia: Darm mit Charme. Alles über ein unterschätztes Organ. 5te Auflage, Ullstein Buchverlag GmbH, Berlin (2017)

Eunice, Bea; Aspiras, E.; Frances, Rozelle; Flores, Avey C.: Hepatoprotective effect of Fermented Water Kefir on Sprague-Dawley rats (Rattus norvegicus) induced with sublethal dose of Acetaminophen. ResearchGate, 2015 ttps://www.researchgate.net/publication/281832899_Hepatoprotective_effect_of_Fermented_Water_Kefir_on_Sprague-Dawley_rats_Rattus_norvegicus_induced_with_sublethal_dose_of_Acetaminophen (abgerufen am 16.06.2021)

Fairment: Online Fermentationskongress. https://fermentationskongress.de/mitgliederbereich, Stand: 16.06.2021

Jayabalan, Rasu; Malbaša, Radomir V.; Loncar, Eva S.; Vitas, Jasmina S.; Sathishkumar, Muthuswamy: A Review on Kombucha Tea—Microbiology, Composition, Fermentation, Beneficial Effects, Toxicity, and Tea Fungus. Wiley Online Library (2014) https://onlinelibrary.wiley.com/doi/full/10.1111/1541-4337.12073 (abgerufen am 16.06.2021)

Katz, Sandor Ellix: Die Kunst des Fermentierens. Eine tiefgreifende Erforschung grundlegender Konzepte und Prozesse aus aller Welt. 2te Auflage, Kopp Verlag, Rottenburg (2017)

Kellmann, Raphael: Glück beginnt im Darm. Wie Sie mit der richtigen Ernährung Depressionen,

Ängste und mentale Erschöpfung erfolgreich behandeln können. 2te Auflage, riva Verlag, München (2018)

Kim, Dong-Hyeon; Jeong, Dana; Kim, Hyunsook; Kang, Il-Byeong; Chon, Jung-Whan,† Song, Kwang-Young; Seo, Kun-Ho: Antimicrobial Activity of Kefir against Various Food Pathogens and Spoilage Bacteria. Korean J Food Sci Anim Resour. 2016; 36(6): 787–790. https://www.ncbi.nlm.nih.gov/pmc/articles/PMC5243963/ (abgerufen am 16.06.2021)

Kun-Young Park, Ji-Kang Jeong, Young-Eun Lee, James W Daily 3rd: Health benefits of kimchi (Korean fermented vegetables) as a probiotic food. National Library of Medicine, Online (2014) https://pubmed.ncbi.nlm.nih.gov/24456350/#:~:text=Health%20functionality%20of%20kimchi%2C%20based,immune%20promotion%2C%20and%20skin%20health (abgerufen am 16.06.2021)

Maitreuweb: Nyéléni Forum 2007 „ERKLÄRUNG VON NYÉLÉNI". https://nyeleni.org/spip.php?article331 (abgerufen am 25.03.2021)

May, Alexander; Narayanan, Shrinath; Alcock, Joe; Varsani, Arvind; Maley, Carlo; Aktipis, Athena: Kombucha: a novel model system for cooperation and conflict in a complex multi-species microbial ecosystem. NCBI, online (2019) https://www.ncbi.nlm.nih.gov/pmc/articles/PMC6730531/ (abgerufen am 16.06.2021)

Mei, Jun; Gao, Xin; Li, Yunfei: Kefir Grains and their Fermented Dairy Products. JSciMed Central (2016) https://www.jscimedcentral.com/Biotechnology/biotechnology-3-1049.php (abgerufen am 16.06.2021)

Ola A.Gharib: Effect of kombucha on some trace element levels in different organs of electromagnetic field exposed rats. Journal of Radiation Research and Applied Sciences. Volume 7, Issue 1, January 2014, Pages 18-22 https://www.sciencedirect.com/science/article/pii/S1687850713000149#:~:text=The%20group%20of%20animals%20subjected,these%20adverse%20effects%20of%20EMF. (abgerufen am 16.06.2021)

Pei, Ruisong; Martin, Derek A; DiMarco, Diana; Bolling, Bradley W: Evidence for the effects of yogurt on gut health and obesity. National Library of Medicine (2017) https://pubmed.ncbi.nlm.nih.gov/25875150/#:~:text=Yogurt%20is%20a%20nutrient%2Ddense,the%20health%20of%20obese%20individuals. (abgerufen am 16.06.2021)

Rittenau, Niko: Vegan-Klischee ade! Wissenschaftliche Antworten auf kritische Fragen zu veganer Ernährung. 4te Auflage, Ventil Verlag UG (haftungsbeschränkt) & Co. KG, Mainz (2018)

Shiby, V. K.; Mishra, H. N.: Fermented milks and milk products as functional foods--a review. National Library of Medicine (2013) https://pubmed.ncbi.nlm.nih.gov/23391015/ (abgerufen am 16.06.2021)

Thompson, Meg: Superfoods for Life. Fermentierte Getränke. Hans-Nietsch-Verlag, Emmendingen (2015)

Fermentista Andrea

Entdecke mein Angebot für alles, was das Leben lebendiger macht. Mehr Lebensfreude, mehr Genuss, mehr Selbstbestimmung – all das steckt in meinem Angebot.

Ob in inspirierenden Workshops (auch online), durch liebevoll gestaltete Bücher oder mit erfrischendem und lebendigem Bio-Kombucha: Hier beginnt dein Weg zu mehr Natürlichkeit und echtem Geschmack.

www.fermentista.at

Über die Autorin

Andrea Bierwolf ist Expertin für die Fermentation aus Leidenschaft und überzeugt von der gesundheitlichen Wirkung uralter Traditionen. Viele kleine gesundheitliche Beschwerden wie ein ständiges Kopfweh, eine unregelmäßige Verdauung verbunden mit Bauchschmerzen und regelmäßige Pilzinfektionen ist sie durch das tägliche Essen und Trinken von fermentierten Lebensmitteln los geworden und fühlt sich seither rundum wohl. Sie liebt es, die einzelnen fermentierten Geschmäcker zu erforschen und diese mit viel Hintergrundwissen und praktischer Erfahrung zu verbinden. Sie ist ausgebildete Dipl. Ernährungstrainerin und Dipl. Mentaltrainerin. Die einzelnen Fermentier-Techniken lernt und entwickelt sie seit Jahren täglich in ihrer eigenen Fermentier-Küche am Traunergütl, einem Bauernhof im schönen Mühlviertel.

Ihr gesammeltes Wissen mit vielen praktischen Tipps rund um das Fermentieren und eine gesunde Ernährung gibt sie in ihren Workshops weiter. Dabei ist es ihr ein großes Anliegen zu zeigen, wie einfach und wertvoll die Fermentation für uns Menschen ist. Die liebe Oma wusste es – wir dürfen es nicht vergessen!

Index